Tricoter
en attendant Bébé

Nikki Van De Car
photographies de Claire Richardson

Tricoter
en attendant Bébé

*28 modèles simples
à réaliser au fil des mois*

FLEURUS

Titre original en langue anglaise:
What to knit when you're expecting
Traduction et adaptation française: Marie Pieroni

Première publication en Grande-Bretagne en 2012
par Kyle Books
23 Howland Street
Londres WIT 4AY - Grande-Bretagne

Illustrations: Carol Kearns

15-27, rue Moussorgski 75018 Paris
Imprimé en Chine par C & C Offset Printing Co. Ltd
Dépôt légal: mars 2013
ISBN: 978-2-215-10932-7
MDS: 591680
1re édition - n° P13005

Pour Maile

sommaire

introduction

Ma fille Maile est née le 16 décembre 2009. J'ai passé les mois précédant sa naissance à tricoter sans cesse pour occuper mes mains, faire passer plus vite le temps qui me séparait de son arrivée et me rassurer sur le déroulement d'une grossesse qui s'avérait difficile. J'ai ainsi réalisé des pulls, des couvertures, des doudous, des animaux... Chaque maille était emplie d'espoir et d'amour pour mon bébé.

Chacun des modèles de ce livre a son histoire. Je dois avouer que je n'en ai pas tricoté vingt-huit en neuf mois. Certains ont réellement été faits pour Maile, d'autres au fil des années pour des amis qui ont croisé ma vie.

Durant la première année de Maile, j'ai appris à distinguer les tricots utiles de ceux qui sont, disons, strictement décoratifs – c'est-à-dire qui restent dans les tiroirs. J'ai sélectionné ici le meilleur de la catégorie « utile ». Ces modèles sont assez simples pour être tricotés en laissant vagabonder son esprit. Tous serviront vraiment à votre bébé, que ce soit pour l'habiller ou le dorloter.

Les modèles sont répartis en trois chapitres correspondant à la progression de la grossesse. Ceux destinés au premier trimestre sont un peu plus difficiles que les autres car, à cette époque, on a encore l'esprit tranquille et suffisamment de temps pour mener à bien une couverture ou un gilet à capuche compliqué. Au deuxième trimestre, comme nombre d'entre nous connaissent le sexe de l'enfant, je propose des tricots pour filles et pour garçons. Ils présentent des difficultés moyennes, mais requièrent assez peu de temps car ce dernier commence à filer vite à ce stade de la grossesse. Les modèles du troisième trimestre sont absolument faciles et rapides à réaliser : la future mère est à présent distraite, impatiente, entièrement préoccupée de la naissance prochaine.

Ce livre espère répondre, tout au moins en partie, à cet instinct de nidification qui pousse à préparer soi-même l'univers qui accueillera le bébé : peindre sa chambre, habiller son berceau, lui tricoter une garde-robe complète... Et il ne faut jamais contrarier l'instinct d'une femme enceinte !

conseils et techniques

Tailles

Il va sans dire que les mensurations diffèrent beaucoup d'un bébé à l'autre. Un enfant de six mois peut être plus développé qu'un enfant d'un an, et les nouveau-nés s'avèrent souvent plus menus qu'on ne l'imagine.
Les mensurations données ci-dessous correspondent à des tailles standard. Par ailleurs, l'ampleur varie d'un vêtement à l'autre. Par exemple, le duffle-coat Hannah (voir page 41) est prévu large, alors que l'empiècement de la robe Emily (page 96) est plutôt ajusté. Quand vous hésitez entre deux tailles, optez pour la plus grande : Bébé grandira vite !

Fils

Vous n'entendrez pas parler de fibres synthétiques dans ce livre. Je trouve que la laine, le coton et même le cachemire sont tout à fait portables au quotidien. Dans les explications, je donne la composition exacte des fils que j'ai utilisés pour que vous puissiez trouver des fils équivalents.
Contrairement à ce que pensent beaucoup de gens, la pure laine, le cachemire et le coton sont faciles à entretenir. Je lave toutes les affaires de Maile en même temps, les tricots comme le reste. J'emploie une lessive douce, je règle le lave-linge sur le cycle pour textiles délicats et je fais sécher les lainages à plat. Cela ne demande pas plus de travail que pour des vêtements en acrylique et j'ai le plaisir de sentir quelque chose presque aussi doux que la peau de Maile quand je la tiens contre moi.

	0/3 mois	**3/6 mois**	**6/12 mois**
poids	2,3-4,5 kg	3,6-5,5 kg	5,5-8 kg
stature	55-65 cm	65-75 cm	75-85 cm
tour de poitrine	44 cm	46 cm	48 cm
tour de tête	38 cm	40 cm	43 cm
longueur de bras (de l'aisselle au poignet)	15 cm	16 cm	18 cm
tour de hanches (avec la couche)	48 cm	51 cm	53 cm
entrejambe	16 cm	19 cm	22 cm

Méthodes

Mailles spéciales

maille endroit torse Tricotez une maille à l'endroit en la prenant par son brin arrière.

maille glissée Faites passer une maille d'une aiguille à l'autre sans la tricoter.

Augmentations

augmentation barrée à l'endroit Tricotez une maille à l'endroit sans l'écouler de l'aiguille, tricotez-la à l'endroit par son brin arrière et écoulez-la de l'aiguille.

augmentation barrée à l'envers Tricotez une maille à l'envers sans l'écouler de l'aiguille, tricotez-la à l'envers par son brin arrière et écoulez-la de l'aiguille.

augmentation intercalaire à l'endroit Avec l'aiguille gauche, relevez le brin horizontal situé entre les deux aiguilles et tricotez à l'endroit la boucle obtenue en la prenant par son brin arrière.

augmentation intercalaire à l'envers Avec l'aiguille gauche, relevez le brin horizontal situé entre les deux aiguilles et tricotez à l'envers la boucle obtenue en la prenant par son brin arrière.

Diminutions

2 mailles ensemble à l'endroit Tricotez deux mailles à l'endroit comme si elles n'en faisaient qu'une = 1 diminution.

3 mailles ensemble à l'endroit Tricotez trois mailles à l'endroit comme si elles n'en faisaient qu'une = 2 diminutions.

2 mailles ensemble à l'envers Tricotez deux mailles à l'envers comme si elles n'en faisaient qu'une = 1 diminution.

2 mailles glissées tricotées ensemble Glissez deux mailles à l'endroit, piquez l'aiguille gauche sous le brin avant de ces deux mailles et tricotez-les ensemble à l'endroit = 1 diminution.

2 mailles torses ensemble à l'envers Tricotez deux mailles à l'envers comme si elles n'en faisaient qu'une, en les prenant par leur brin arrière = 1 diminution.

surjet simple Glissez une maille à l'endroit, tricotez la maille suivante à l'endroit, puis passez la maille glissée par-dessus la maille tricotée et écoulez-la de l'aiguille = 1 diminution.

surjet double Glissez une maille à l'endroit, tricotez les deux mailles suivantes ensemble à l'endroit, puis passez la maille glissée par-dessus les mailles tricotées ensemble et écoulez-la de l'aiguille = 2 diminutions.

Les abréviations utilisées dans les explications sont récapitulées page 140.

Techniques

Monter des mailles

Il existe de nombreuses manières de monter les mailles, chacune présentant ses propres avantages. Les méthodes employées dans ce livre sont expliquées ci-après.

Montage noué sur une aiguille (A)

Utilisez cette méthode quand les explications de ce livre n'en précisent pas de particulière – c'est-à-dire pour la plupart des modèles. N'hésitez pas cependant à en employer une autre si vous préférez.

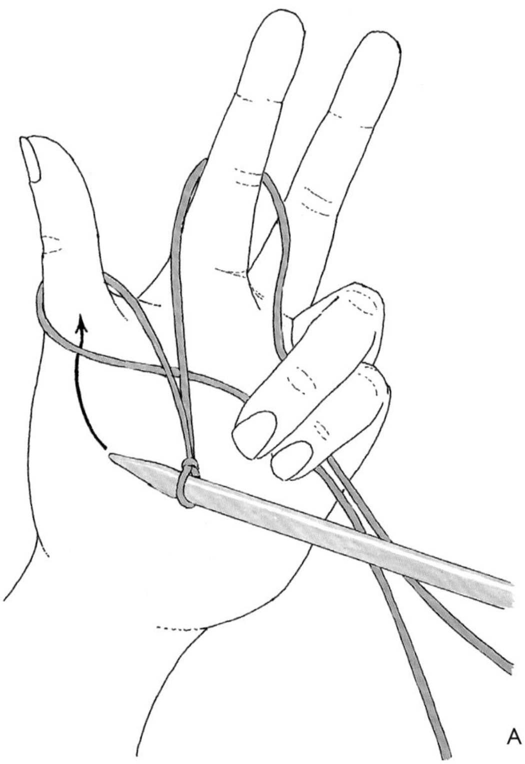

A

Déroulez le fil sur environ trois fois la longueur prévue pour le premier rang (il vaut mieux en dérouler plus afin de ne pas avoir à recommencer le montage). Réalisez un nœud coulant à cet endroit et glissez-y une aiguille. *Enroulez l'un des brins du fil autour du pouce gauche, et l'autre autour de l'index gauche. Tendez bien les doigts, comme sur l'illustration. Avec la main droite, piquez l'aiguille sous le brin avant de la boucle du pouce, sous le brin avant de la boucle de l'index, et laissez glisser la boucle du pouce autour de l'aiguille. Tirez fermement le fil. Répétez de * à * jusqu'à obtenir le nombre voulu de mailles.

Montage provisoire sur chaînette (B)

Avec un crochet, réalisez une chaînette comportant quatre mailles en l'air de plus que de mailles à monter. Coupez le fil et arrêtez la boucle du crochet. Retournez la chaînette sur l'envers. Piquez l'aiguille gauche dans la première ou la deuxième des boucles situées à la base. Tricotez cette boucle à l'endroit avec l'aiguille droite. Répétez l'opération dans les boucles suivantes jusqu'à obtenir le nombre voulu de mailles.

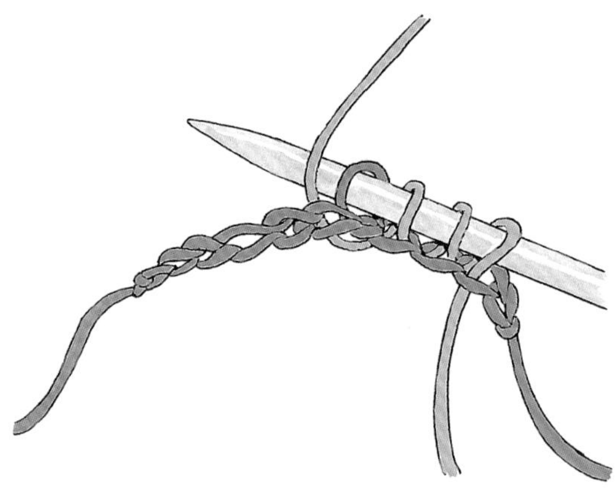

B

C

Montage enchaîné sur une aiguille (C)
Placez le fil devant l'index gauche et enroulez-le autour de lui. Avec la main droite, piquez une aiguille dans cette boucle. Retirez l'index et tirez bien le fil. Répétez l'opération jusqu'à obtenir le nombre voulu de mailles.

Montage sur deux aiguilles (D)
Réalisez un nœud coulant et glissez-y l'aiguille gauche. Tricotez la boucle à l'endroit et laissez la maille obtenue sur l'aiguille gauche. *Piquez l'aiguille droite entre les deux mailles de l'aiguille gauche, tricotez une maille endroit et placez-la à la pointe de l'aiguille gauche*. Répétez de * à * jusqu'à obtenir le nombre voulu de mailles, en piquant toujours entre les deux dernières mailles.

D

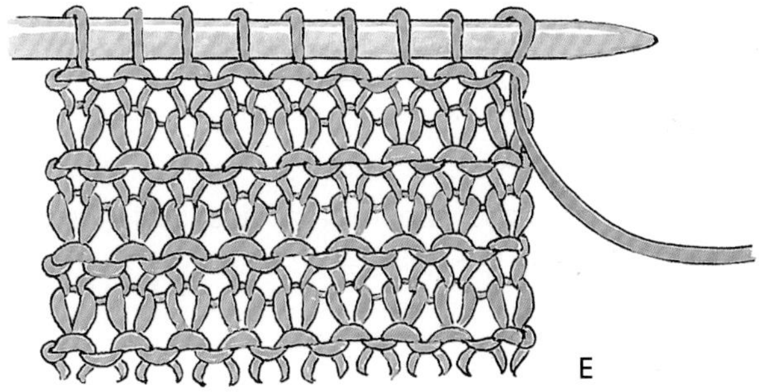

E

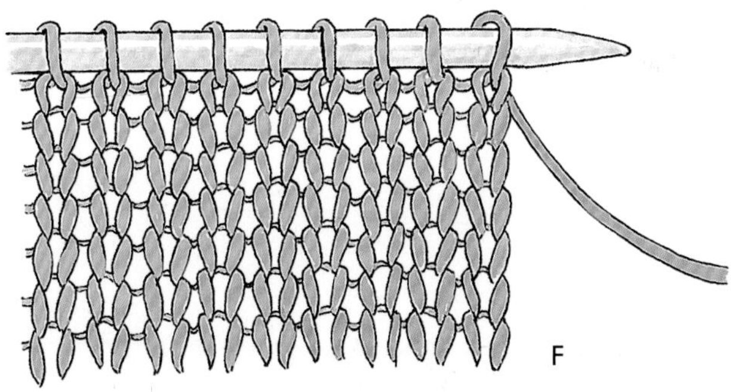

F

Point mousse (E)
Quand vous tricotez en rangs allers-retours, tricotez tous les rangs à l'endroit. Lorsque vous travaillez en rond, alternez un tour à l'endroit et un tour à l'envers.

Jersey (F)
Quand vous tricotez en rangs allers-retours, alternez un rang à l'endroit et un rang à l'envers. Lorsque vous travaillez en rond, tricotez tous les tours à l'endroit.

G

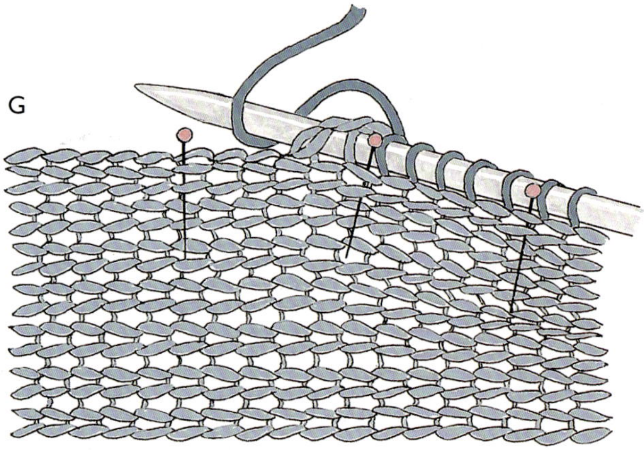

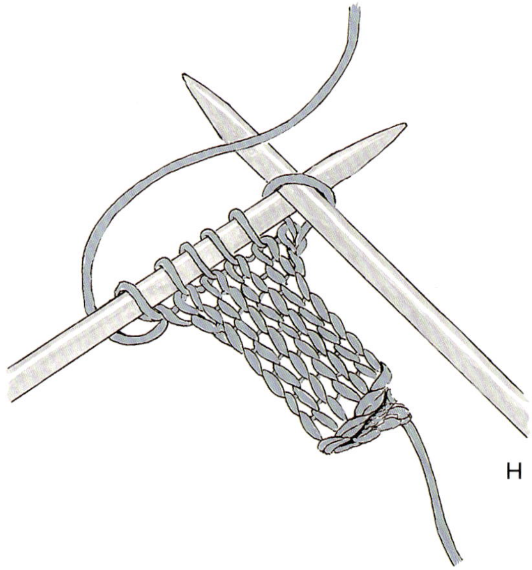

H

Relever des mailles

Travaillez toujours sur l'endroit. Quand vous devez relever des mailles sur le rang de montage ou celui de rabattage, piquez l'aiguille gauche dans le V de la maille du rang situé juste avant. Faites un jeté et ramenez-le à travers le V de manière à obtenir une maille sur l'aiguille. Répétez l'opération jusqu'à avoir relevé le nombre voulu de mailles. Lorsque vous devez relever des mailles sur une lisière, faites pivoter l'ouvrage à 90 °. Avec l'aiguille gauche, soulevez le brin horizontal situé entre les première et deuxième colonnes de mailles afin de former une boucle. Faites un jeté et ramenez-le à travers la boucle de manière obtenir une maille sur l'aiguille. Répétez l'opération jusqu'à avoir relevé le nombre voulu de mailles **(G)**.

Cordelière (H)

Travaillez avec deux aiguilles à deux pointes. Montez six mailles. Tricotez-les à l'endroit. Repoussez-les à l'extrémité droite de l'aiguille droite. Au lieu de tourner l'ouvrage, prenez-le dans la main gauche. Passez le fil derrière lui et tirez-le fermement pour l'amener à droite. Tricotez les six mailles à l'endroit, puis repoussez-les à l'extrémité droite de l'aiguille droite. Continuez de cette manière, sans jamais tourner l'ouvrage, jusqu'à obtenir la longueur voulue de cordelière. Vous pouvez modifier le nombre de mailles en fonction de vos besoins.

Utiliser une aiguille circulaire (I)

Un seul modèle de ce livre requiert cette technique, mais elle est très utile. Elle permet en effet de tricoter un petit nombre de mailles en rond sur une aiguille circulaire, alors que l'on est normalement contraint de travailler avec des aiguilles à deux pointes au-dessous d'un certain nombre de mailles.

Après avoir monté les mailles, glissez-les au centre du flexible de l'aiguille circulaire. Partagez-les en deux groupes égaux. Tirez le flexible à l'extérieur de façon à ce qu'il forme une boucle entre les deux groupes. Glissez le groupe de gauche sur l'aiguille gauche, en ajustant la boucle pour laisser le groupe de droite sur le flexible et pouvoir manipuler librement l'aiguille droite. Tricotez à l'endroit les mailles de gauche, puis faites-les coulisser de l'aiguille droite au flexible. Glissez le groupe de mailles restant sur l'aiguille gauche et tricotez-le comme précédemment. Chaque fois que vous passez d'un groupe de mailles à l'autre, veillez à bien tirer le fil afin d'éviter la formation de jours en échelle.

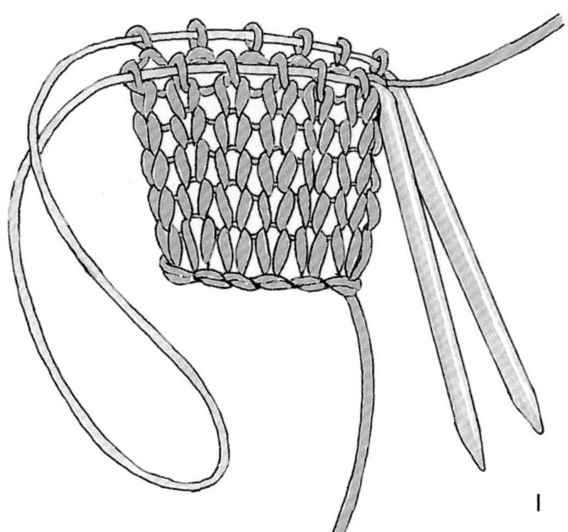

I

Tricoter en rond

Dans les modèles de ce livre, toutes les manches et les jambes de pantalons sont tricotées en rangs allers-retours, puis fermées par des coutures. Je préfère personnellement procéder ainsi plutôt qu'en rond, car je trouve le résultat plus soigné et plus résistant. Il existe cependant des personnes qui n'aiment pas le travail d'assemblage et adorent utiliser des aiguilles circulaires ou à deux pointes. Si c'est votre cas, n'hésitez pas à tricoter mes modèles en rond. Montez une ou deux mailles en moins que ce qui est indiqué (mes pièces comportent toujours une ou deux mailles destinées à l'assemblage). Sachez aussi qu'il est difficile – mais pas impossible – d'assembler des jambes de pantalon tricotées en rond.

Finitions

Des finitions soignées apportent un véritable supplément à un tricot. Il existe de nombreuses façons de rabattre les mailles et d'assembler les pièces, chacune offrant des avantages particuliers. Mettez les pièces en forme avec soin avant de les assembler (voir page 17).

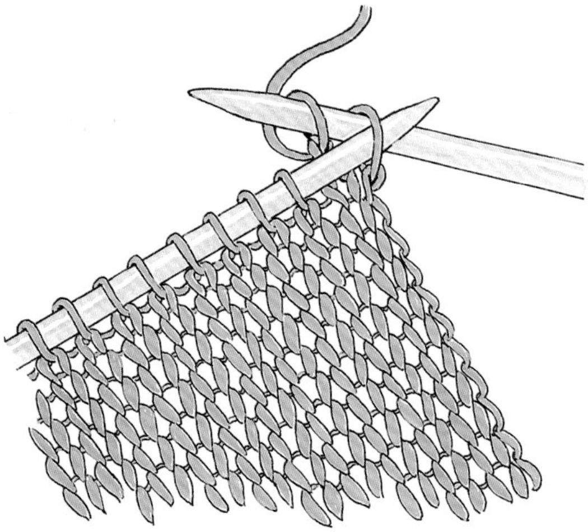

J

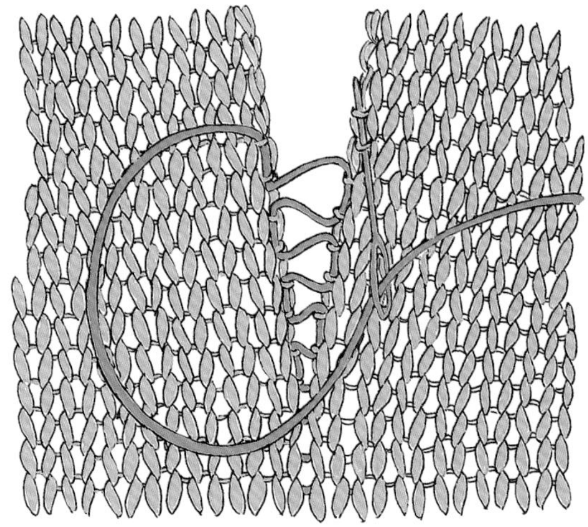

K

Rabattre des mailles (J)

Pour commencer à rabattre des mailles, tricotez deux mailles à l'endroit. *Piquez l'aiguille gauche dans la première maille de l'aiguille droite (celle qui n'est plus reliée au fil de pelote), passez-la par-dessus la deuxième et écoulez-la de l'aiguille. Il reste une seule maille sur l'aiguille droite. Tricotez une maille à l'endroit.* Répétez de * à * jusqu'à ce qu'il n'y ait plus de mailles sur l'aiguille gauche et qu'il en reste une sur l'aiguille droite. Coupez le fil, passez-le dans la maille restante et tirez-le.

Afin d'obtenir une terminaison nette et élastique, vous pouvez utiliser une aiguille droite plus grosse d'un numéro que l'aiguille gauche. Bien que cette astuce facilite un peu le travail, elle est superflue si vous ne tirez pas trop le fil.

Couture invisible (K)

Facile à exécuter, cette technique fantastique génère une couture plate, solide et quasiment invisible. Étalez l'ouvrage sur une surface plane, la face endroit au-dessus, en juxtaposant les deux bords à assembler. Enfilez du fil sur une aiguille à tapisserie. Sortez l'aiguille sur l'endroit du bord gauche, sous le brin horizontal situé entre les première et deuxième mailles du deuxième rang, et tirez le fil. Glissez l'aiguille sous le brin horizontal situé en vis-à-vis sur le bord droit, entre les première et deuxième mailles. Sur le bord gauche, glissez l'aiguille sous les brins horizontaux des premier et deuxième rangs, puis tirez le fil. Sur le bord droit, glissez l'aiguille sous les brins horizontaux des deuxième et troisième rangs, puis tirez le fil. Sur le bord gauche, glissez l'aiguille sous les brins horizontaux des troisième et quatrième rangs, puis tirez le fil. Continuez à progresser ainsi d'un bord à l'autre, en passant sous deux rangs à chaque point, et en veillant à toujours travailler entre les première et deuxième mailles.

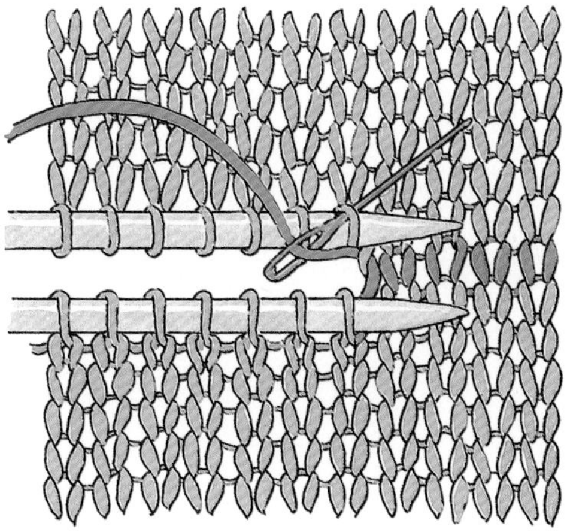

L

Grafting (L)

Cette technique consiste à assembler deux pièces comportant le même nombre de mailles en effectuant une couture qui imite un rang de tricot. Elle est donc particulièrement discrète.

Laissez chaque groupe de mailles à assembler sur son aiguille. Placez les deux pièces l'une au-dessus de l'autre, sur l'endroit, en juxtaposant les aiguilles ; le fil de pelote doit provenir de la pièce du haut. Avant de procéder au grafting, il convient d'effectuer la préparation suivante. Enfilez du fil sur une aiguille à tapisserie. Piquez dans la première maille de la pièce du bas, de haut en bas, comme pour la tricoter à l'envers. Tirez le fil à travers la maille, en la laissant sur son aiguille à tricoter. Passez le fil sous l'aiguille du bas et piquez dans la première maille de la pièce du haut, de bas en haut, comme pour la tricoter à l'endroit. Tirez le fil, en laissant la maille sur son aiguille à tricoter.

Vous allez maintenant exécuter le grafting proprement dit. *Piquez l'aiguille à tapisserie dans la première maille de la pièce du bas, de bas en haut, comme pour la tricoter à l'endroit. Tirez le fil et glissez la maille hors de l'aiguille à tricoter. Piquez l'aiguille à tapisserie dans la maille suivante de la pièce du bas, de haut en bas, comme pour la tricoter à l'envers. Tirez le fil, en laissant la maille sur son aiguille à tricoter. Piquez l'aiguille à tapisserie dans la première maille de la pièce du haut, de haut en bas, comme pour la tricoter à l'envers. Tirez le fil et glissez la maille hors de l'aiguille à tricoter. Piquez l'aiguille à tapisserie dans la maille suivante de la pièce du haut, de bas en haut, comme pour la tricoter à l'endroit. Tirez le fil, en laissant la maille sur son aiguille à tricoter.

Répétez de * à * dans chacune des mailles suivantes jusqu'à ce qu'elles soient toutes assemblées.

Mise en forme

Ma technique de mise en forme étant tout à fait sommaire, c'est celle qui requiert de loin le moins d'effort. Plongez l'ouvrage dans un lavabo rempli d'eau tiède. Manipulez-le un peu afin qu'il soit bien imbibé. Pressez-le très délicatement pour expulser l'excédent d'eau (vous ne devez pas l'essorer, mais il ne doit pas dégoutter non plus). Déployez-le sur une surface plane dont vous n'aurez pas besoin pendant quelque temps. Étirez-le aux dimensions voulues, en veillant cependant à ne pas exagérer (vous allez sentir l'élasticité autorisée). Laissez-le sécher complètement, en le retournant une fois sur l'autre face si besoin.

Vous pouvez procéder de la même manière pour remettre des tricots en forme après les avoir lavés.

le premier trimestre

Pour moi, bien que je ne me sache enceinte qu'au bout de six semaines, mon premier trimestre de grossesse s'est étiré en longueur. J'ai donc tricoté comme une folle ! Les débutantes auront probablement envie d'essayer la Couverture ciel d'été, alors que les tricoteuses plus audacieuses aimeront se lancer dans la Couverture nid-d'abeilles.

couverture ciel d'été

Cette couverture aérienne en coton est très rapide à tricoter. On commence par un grand rectangle en jersey bleu, puis on relève autour une bordure de nuages blancs floconneux.

DIMENSIONS

Environ 72 cm x 79 cm

FOURNITURES

Fil en coton biologique, pour aiguilles n° 5 :
300 g bleu clair, 200 g blanc cassé
1 aiguille circulaire n° 5 de 50 cm de longueur
1 aiguille à tapisserie

ÉCHANTILLON

Un carré de 10 cm de côté en jersey,
avec des aiguilles n° 5 = 15 mailles et 23 rangs

Point de sable

1er rg (env.). Tric. à l'end.

2e rg. 1 m. env., *1 m. end. torse, 1 m. env.*, rép. de * à * jusqu'à la fin du rg.

Réalisation

Avec le fil bleu clair, montez 96 m.

Tric. en jersey end. jusqu'à obtenir 72 cm de haut., en term. par 1 rg env.

Rab. toutes les m.

BORDURE

Avec le fil blanc cassé, sur l'end., relev. en les tric. à l'end. 97 m. le long du rg de montage. Tric. 11 rgs au point de sable (vous term. par 1 rg env.).
Rab. les m., sauf la dern.

Faites pivoter l'ouvrage à 90° dans le sens des aiguilles d'une montre. Relev. en les tric. à l'end. 6 m. sur le côté de la bordure, puis 98 m. le long de la 1re lisière = 105 m. Tric. 11 rgs au point de sable. Rab. les m., sauf la dern.

Faites pivoter l'ouvrage à 90° dans le sens des aiguilles d'une montre. Relev. en les tric. à l'end. 6 m. sur le côté de la 2e bordure, puis 96 m. le long du rg de rabattage = 103 m. Tric. 11 rgs au point de sable. Rab. les m., sauf la dern.

Faites pivoter l'ouvrage à 90° dans le sens des aiguilles d'une montre. Relev. en les tric. à l'end. 6 m. sur le côté de la 3e bordure, 98 m. le long de la 2e lisière, puis 6 m. sur le côté de la 1re bordure = 111 m. Tric. 11 rgs au point de sable. Rab. toutes les m.

Finitions

Rentrez les fils. Mettez la couverture en forme.

pull Noah

Voici un pull classique pour un petit bonhomme tranquille (comme mon beau-fils Noah). Grâce à son fil en coton et laine, et à son encolure fendue, il est parfait pour les premiers beaux jours.

TAILLES

0/3 [3/6-6/12] mois (photographies : 0/3 mois)

FOURNITURES

Fil 50 % coton biologique et 50 % laine biologique, pour aiguilles n° 4 :
100 g crème, 50 [100-100] g bleu-gris
1 bouton de 12 mm de diamètre
1 paire d'aiguilles n° 4
1 aiguille à tapisserie
Aiguille et fil à coudre

ÉCHANTILLON

Un carré de 10 cm de côté en jersey, avec les aiguilles n° 4 = 23 mailles et 30 rangs

Réalisation

DOS/DEVANT (2 PIÈCES)

Avec le fil crème, montez 50 [54-58] m.

Tric. 6 rgs au point mousse. Cont. en jersey end.

À 16 [18-20] cm de haut. tot., après 1 rg env., rab. 2 m. au début des 2 rgs suiv. = 46 [50-54] m.

◆Tric. 1 rg de la façon suiv. : 2 m. end., 2 m. gl. tric. ens., tric. à l'end. jusqu'à 4 m. avant la fin du rg, 2 m. ens. à l'end., 2 m. end.◆ = 44 [48-52] m.

▼Tric. 1 rg droit à l'env. Rép. 1 fois de ◆ à ◆▼ = 42 [46-50] m.

Rép. 9 [11-13] fois de ▼ à ▼ = 24 m.

Tric. 1 rg droit à l'env.

Rab. toutes les m.

MANCHES (X 2)

Avec le fil bleu-gris, montez 26 [28-32] m.

Tric. 5 rgs au point mousse. Cont. en jersey end., en comm. par 1 rg à l'env.

▲Tric. 7 rgs droit. Tric. 1 rg de la façon suiv. : 2 m. end., 1 augm. inter., tric. à l'end. jusqu'à 2 m. avant la fin du rg, 1 augm. inter., 2 m. end.▲ = 28 [30-34] m.

Rép. 4 [5-5] fois de ▲ à ▲ = 36 [40-44] m.

Cont. droit.

À 15 [17-19] cm de haut. tot., après 1 rg env., rab. 2 m. au début des 2 rgs suiv. = 32 [36-40] m.

◆Tric. 1 rg de la façon suiv. : 2 m. end., 2 m. gl. tric. ens., tric. à l'end. jusqu'à 4 m. avant la fin du rg, 2 m. ens. à l'end., 2 m. end.◆ = 30 [34-38] m.

▼Tric. 1 rg droit à l'env. Rép. 1 fois de ◆ à ◆▼ = 28 [32-36] m.

Rép. 9 [11-13] fois de ▼ à ▼ = 10 m.

Tric. 1 rg droit à l'env. Vous obtenez 22 [25-28,5] cm de haut. tot.

Rab. toutes les m.

POCHE

Avec le fil bleu-gris,
montez 20 [22-24] m.

Tric. 20 [22-24] rgs en jersey end., en comm. par 1 rg à l'end. Tric. 2 rgs à l'env.

Rab. toutes les m. en les tric. à l'env.

Finitions

Rentrez les fils.

Assemblez le dos et le devant, en cousant les côtés de la base jusqu'au raglan. Avec le fil crème, assemblez les manches aux emmanchures, en ne cousant le devant droit que sur les 3 premiers centimètres. Fermez les manches avec le fil bleu-gris. Cousez la poche sur le devant, en vous aidant de la photographie ci-contre.

BANDE D'ENCOLURE

Avec le fil bleu-gris, sur l'end., relev. en les tric. à l'end. 60 m. autour de l'encolure.

Tric. 1 rg à l'end. Sur le rg suiv., réalisez 1 boutonnière comme suit : 1 m. end., 1 jeté, 2 m. ens. à l'end., term. le rg à l'end.

Rab. toutes les m. Rentrez les fils.

Cousez le bouton en vis-à-vis de la boutonnière.

moufles toutes simples

Ces moufles légères possèdent un pouce qui permet d'attraper les jouets, de faire coucou aux chiens et aux autos qui passent… et de vous tenir la main.

TAILLES

0/12 mois

FOURNITURES

50 g de fil 55 % laine, 33 % microfibres et 12 % cachemire, pour aiguilles n° 5, bleu pâle

28 cm d'élastique plat de 1,5 cm de large

5 aiguilles à 2 pointes n° 5

1 arrêt de mailles

1 marqueur

1 aiguille à tapisserie

Aiguille et fil à coudre

ÉCHANTILLON

Un carré de 10 cm de côté en jersey, avec les aiguilles n° 5 = 21 mailles et 28 rangs

PRÉPARATION DE L'ÉLASTIQUE

Pour chaque moufle, coupez un élastique plat de 14 cm de longueur. Superposez ses extrémités sur 2 cm de manière à former un anneau, puis cousez-les.

Réalisation (x 2)

POIGNET

Montez 26 m. Répartissez-les régulièrement sur 3 aig. à 2 pointes et fermez-les en rond. Placez le marqueur pour repérer la fin du tour.

Tric. 6 cm de côtes en rép. le tour suiv. : *1 m. end., 1 m. env.*, rép. de * à * jusqu'à la fin du tour.

POSE DE L'ÉLASTIQUE

Retournez le poignet sur l'env. en le relevant au-dessus des aig. Enfilez l'élastique autour de lui et placez-le 1,5 cm sous le tour de montage. Repliez la base du poignet, env. contre env., de façon à recouvrir l'élastique. Avec l'aig. de gauche, relev. la 1re m. du tour de montage et tric.-la à l'end. avec la 1re m. de cette aig. Relev. la 2e m. du tour de montage et tric.-la à l'end. avec la 2e m. de l'aig. Cont. ainsi tout autour de l'ouvrage afin d'emprisonner l'élastique. Retournez le poignet sur l'end. en l'abaissant sous les aig. (Cette technique est plus facile qu'il n'y paraît. Si elle vous intimide cependant, vous pouvez coudre un ourlet à la base des côtes une fois la moufle terminée et y glisser l'élastique.)

BASE DU POUCE

Cont. en trav. entièrement à l'end. Tric. 1 tour droit.

Tric. 1 tour de la façon suiv. : 2 m., 1 augm. inter., tric. jusqu'à 2 m. avant la fin du tour, 1 augm. inter., 2 m. = 28 m.

Tric. 2 tours droit.

Tric. 1 tour de la façon suiv. : 3 m., 1 augm. inter., tric. jusqu'à 2 m. avant la fin du tour, 1 augm. inter., 2 m. = 30 m.

Tric. 1 tour droit.

Tric. les 2 tours suiv. comme suit : tric. jusqu'à 3 m. avant la fin du 1er tour, gl. les 7 m. suiv. sur l'arrêt de m., montez 1 m. en utilisant la technique du montage enchaîné (voir page 13), déplacez le marqueur sur la m. montée pour repérer la fin du tour, mont. 2 m., puis tric. jusqu'à la fin du 2e tour = 26 m.

PARTIE PRINCIPALE

Cont. droit jusqu'à obtenir 7 cm de haut. de jersey.

Tric. 1 tour de la façon suiv. : 1 m., 2 m. gl. tric. ens., 7 m., 2 m. ens., 2 m., 2 m. gl. tric. ens., 7 m., 2 m. ens., 1 m. = 22 m.

Tric. 1 tour droit.

Tric. 1 tour de la façon suiv. : 1 m., 2 m. gl. tric. ens., 5 m., 2 m. ens., 2 m., 2 m. gl. tric. ens., 5 m., 2 m. ens., 1 m. = 18 m.

Tric. 1 tour droit.

Tric. 1 tour de la façon suiv. : 1 m., 2 m. gl. tric. ens., 3 m., 2 m. ens., 2 m., 2 m. gl. tric. ens., 3 m., 2 m. ens., 1 m. = 14 m.

Tric. 1 tour droit.

Gl. les 7 prem. m. sur une aig. et les 7 m. suiv. sur une autre aig. Assemblez les 2 groupes de m. en grafting (voir page 17).

POUCE

Reprenez les 7 m. en attente et répartissez-les sur 2 aig.

Tric. les 7 m.; sur une 3e aig, relev. 1 m. à la jonction du pouce et de la partie principale, 3 m. à la base des 3 m. montées, 1 m. à la jonction du pouce et de la partie principale = 12 m.

Tric. 7 tours droit.

Coupez le fil, en laissant une longue extrémité. Passez-la dans les m., tirez-la pour fermer le pouce, puis arrêtez-la.

Finitions

Rentrez les fils.

moufles fourrées

Ces moufles sont parsemées de flocons de laine mèche qui forment un motif sur l'endroit, et une chaude doublure duveteuse sur l'envers. Elles ne possèdent pas de pouce afin que les mains de votre bébé soient complètement emmitouflées de chaleur douce. (Si vous ne pouvez pas vous procurer de la laine mèche, un gros fil à tricoter très souple fera très bien l'affaire).

TAILLES

0/12 mois

FOURNITURES

50 g de fil 70 % laine d'agneau, 26 % mohair et 4 % Nylon, pour aiguilles n° 5 1/2, écru
30 g de laine mèche bleu-vert
28 cm d'élastique plat de 1,5 cm de large
5 aiguilles à 2 pointes n° 5 1/2
1 marqueur
1 aiguille à tapisserie
Aiguille et fil à coudre

ÉCHANTILLON

Un carré de 10 cm de côté en jersey, avec les aiguilles n° 5 1/2 = 20 mailles et 27 rangs

Placement des flocons

Pour insérer un flocon de laine mèche dans l'ouvrage, piquez l'aiguille droite dans une maille de la manière habituelle, placez un flocon à cheval sur l'aiguille gauche, faites un jeté comme à l'ordinaire, puis tricotez la maille en utilisant ensemble le fil et le flocon.

PRÉPARATION DES FLOCONS

Coupez ou déchirez la laine mèche en bouts d'environ 8 cm de longueur. Torsadez-les jusqu'à ce qu'ils mesurent 5 mm d'épaisseur. Il vous faut 80 flocons.

PRÉPARATION DE L'ÉLASTIQUE

Pour chaque moufle, coupez un élastique plat de 14 cm de longueur. Superposez ses extrémités sur 2 cm de manière à former un anneau, puis cousez-les.

Réalisation (x 2)

POIGNET

Montez 24 m. Répartissez-les régulièrement sur 3 aig. à 2 pointes et fermez-les en rond. Placez le marqueur pour repérer la fin du tour.

Tric. 6 cm de côtes en rép. le tour suiv. : *1 m. end., 1 m. env.*, rép. de * à * jusqu'à la fin du tour.

POSE DE L'ÉLASTIQUE

Retournez le poignet sur l'env. en le relevant au-dessus des aig. Enfilez l'élastique autour de lui et placez-le 1,5 cm sous le tour de montage. Repliez la base du poignet, env. contre env., de façon à recouvrir l'élastique. Avec l'aig. de gauche, relev. la 1re m. du tour de montage et tric.-la à l'end. avec la 1re m. de cette aig. Relev. la 2e m. du tour de montage et tric.-la à l'end. avec la 2e m. de l'aig. Cont. ainsi tout autour de l'ouvrage afin d'emprisonner l'élastique. Retournez le poignet sur l'end. en l'abaissant sous les aig. (Cette technique est plus facile qu'il n'y paraît. Si elle vous intimide cependant, vous pouvez coudre un ourlet à la base des côtes une fois la moufle terminée et y glisser l'élastique.)

PARTIE PRINCIPALE

Cont. en trav. entièrement à l'end.

Tric. 1 tour de la façon suiv. : 1 augm. barrée, 10 m., 2 augm. barrées, 10 m., 1 augm. barrée = 28 m.

Tric. 1 tour droit.

Tric. 1 tour de la façon suiv. : 1 augm. barrée, 12 m., 2 augm. barrées, 12 m., 1 augm. barrée = 32 m.

Tric. 1 tour droit.

◆▼Tric. 1 tour de la façon suiv. : *3 m., 1 m. avec flocon*, rép. de * à * jusqu'à la fin du tour.▼

Tric. 3 tours droit.◆

Rép. encore 2 fois de ◆ à ◆, puis 1 fois de ▼ à ▼.

Tric. 1 tour de la façon suiv. : 1 m., 2 m. gl. tric. ens., 10 m., 2 m. ens., 2 m., 2 m. gl. tric. ens., 10 m., 2 m. ens., 1 m. = 28 m.

Tric. 1 tour droit.

Tric. 1 tour de la façon suiv. : 1 m., 2 m. gl. tric. ens., 8 m., 2 m. ens., 2 m., 2 m. gl. tric. ens., 8 m., 2 m. ens., 1 m. = 24 m.

Tric. 1 tour de la façon suiv. : *1 m., 1 m. avec flocon*, °3 m., 1 m. avec flocon°, rép. 1 fois de ° à °, rép. 2 fois de * à *, rép. 2 fs de ° à °, rép. 1 fois de * à *.

Tric. 1 tour de la façon suiv. : 1 m., 2 m. gl. tric. ens., 6 m., 2 m. ens., 2 m., 2 m. gl. tric. ens., 6 m., 2 m. ens., 1 m. = 20 m.

Tric. 1 tour droit.

Gl. les 10 prem. m. sur une aig. et les 10 m. suiv. sur une autre aig. Assemblez les 2 groupes de m. en grafting (voir page 17).

Finitions

Rentrez les fils.

Si vous le souhaitez, cousez les moufles aux extrémités d'un ruban.

jambières

Ma fille Maile détestait qu'on change sa couche. Elle donnait alors tellement de coups de pied qu'il était impossible d'enlever et de remettre son pantalon. Ces jambières résolvent le problème portées avec une culotte bouffante ! Tricotées de haut en bas, elles sont munies d'une patte boutonnée qui les maintient en place sans comprimer la jambe.

TAILLES

0/3 [3/6-6/12] mois (photographies: 6/12 mois)

FOURNITURES

100 g de fil en laine de mérinos, pour aiguilles n° 3, mauve chiné
2 boutons de 8 mm de diamètre
5 aiguilles à 2 pointes n° 3
3 marqueurs
1 aiguille à tapisserie
Aiguille et fil à coudre

ÉCHANTILLON

Un carré de 10 cm de côté en jersey, avec les aiguilles n° 3 = 30 mailles et 38,5 rangs

Point de feuilles (sur 23 m.)

1er tour. 8 m. end., 2 m. ens. à l'end., 1 jeté, 1 m. end., 1 m. env., 1 m. end., 1 jeté, 1 srjt sple, 8 m. end.

2e tour. 7 m. end., 2 m. ens. à l'end., 2 m. end., 1 jeté, 1 m. env., 1 jeté, 2 m. end., 1 srjt sple, 7 m. end.

3e tour. 6 m. end., 2 m. ens. à l'end., 1 m. end., 1 jeté, 2 m. end., 1 m. env., 2 m. end., 1 jeté, 1 m. end., 1 srjt sple, 6 m. end.

4e tour. 5 m. end., 2 m. ens. à l'end., 3 m. end., 1 jeté, 1 m. end., 1 m. env., 1 m. end., 1 jeté, 3 m. end., 1 srjt sple, 5 m. end.

5e tour. 4 m. end., 2 m. ens. à l'end., 2 m. end., 1 jeté, 3 m. end., 1 m. env., 3 m. end., 1 jeté, 2 m. end., 1 srjt sple, 4 m. end.

6e tour. 3 m. end., 2 m. ens. à l'end., 4 m. end., 1 jeté, 2 m. end., 1 m. env., 2 m. end., 1 jeté, 4 m. end., 1 srjt sple, 3 m. end.

7e tour. 2 m. end., 2 m. ens. à l'end., 3 m. end., 1 jeté, 4 m. end., 1 m. env., 4 m. end., 1 jeté, 3 m. end., 1 srjt sple, 2 m. end.

8e tour. 1 m. end., 2 m. ens. à l'end., 5 m. end., 1 jeté, 3 m. end., 1 m. env., 3 m. end., 1 jeté, 5 m. end., 1 srjt sple, 1 m. end.

9e tour. 2 m. ens. à l'end., 4 m. end., 1 jeté, 5 m. end., 1 m. env., 5 m. end., 1 jeté, 4 m. end., 1 srjt sple.

10e au 12e tour. 11 m. end., 1 m. env., 11 m. end.

Point de toile

1er rg (env.). *1 m. env., placez le fil derr. et gl. 1 m. à l'env.*, rép. de * à * jusqu'à 1 m. avant la fin du rg, 1 m. end.

2e rg. *Placez le fil dev. et gl. 1 m. à l'env., 1 m. end.*, rép. de * à * jusqu'à 1 m. avant la fin du rg, placez le fil devant et gl. 1 m. à l'env.

Réalisation (x 2)

Montez 44 [48-52] m. Répartissez-les régulièrement sur 3 aig. à 2 pointes et fermez-les en rond. Placez un marqueur pour repérer la fin du tour.

Tric. 3 cm de côtes en rép. le tour suiv. : *1 m. end., 1 m. env.*, rép. de * à * jusqu'à la fin du tour (bord-côtes de la cuisse).

Tric. 1 tour de la façon suiv. : 10 [12-14] m. end., placez un marqueur, 23 m. au point de feuilles (1er rg du point), placez un marqueur, term. le tour à l'end. Notez qu'il est normal que la bande au point de feuilles soit décalée.

Cont. en trav. de la façon suiv. : tric. à l'end. jusqu'au 1er marqueur, 23 m. au point de feuilles, term. le tour à l'end.

À 2,5 [3-4] cm de haut. après les côtes, ◆tric. 1 tour de la façon suiv. : 1 m. end., 2 m. ens. à l'end., tric. à l'end. jusqu'au 1er marqueur, 23 m. au point de feuilles, tric. à l'end. jusqu'à 4 m. avant la fin du tour, 1 srjt sple, 2 m. end.◆ = 42 [46-50] m.

Rép. encore 3 fois de ◆ à ◆ = 36 [40-44] m.

Cont. droit

À 13 [15-19] cm de haut. tot, tric. 3 cm de côtes (bord-côtes de la cheville).

Rab. toutes les m.

PATTES

JAMBIÈRE GAUCHE

Repérez la m. centrale du rg de terminaison. Comptez 3 m. vers la gauche, puis 12 rgs vers le bas. À partir de cette m., relev. 7 m. parallèlement à la côte (1 m. sur chaque rg en remontant vers le rg de terminaison).

Tric. 4 cm au point de toile, en term. par 1 rg env. (Ce point semble un peu compliqué à première vue, mais il est simple dès que vous en avez compris le principe. Il présente l'avantage de ne pas s'étirer, ce qui est idéal pour des pattes de boutonnage. Vous pouvez travailler au point mousse si vous préférez ; tricotez seulement 2 cm, car le point mousse s'étire.)

Sur le rg suiv., réalisez 1 boutonnière comme suit : *placez le fil devant et gl. 1 m. à l'env.*, 1 m. end., rép. 1 fois de * à *, 2 m. ens. à l'end., 1 jeté, 1 m. end., rép. 1 fois de * à *.

Tric. 1 rg de la façon suiv. : 1 m. env., *placez le fil derr. et gl. 1 m. à l'env.*, 3 m. env., rép. 1 fois de * à *, 1 m. env.

Tric. le 2e rg du point. Rab. toutes les m.

JAMBIÈRE DROITE

Repérez la m. centrale du rg de terminaison. Comptez 3 m. vers la droite, puis 5 rgs vers le bas. À partir de cette m., relev. 7 m. parallèlement à la côte (1 m. sur chaque rg en descendant vers la cheville). Trav. comme pour la patte de la jambière gauche.

Finitions

Rentrez les fils. Mettez les jambières en forme si vous le souhaitez. Cousez les boutons de façon à tendre légèrement les pattes (il est préférable d'essayer les jambières sur le bébé). Vous pourrez les déplacer au fur et à mesure que l'enfant grandira.

duffle-coat Hannah

Ma belle-fille Hannah avait un duffle-coat en lainage quand elle était toute petite. Je ne la connaissais pas encore, mais il y a une photographie que j'adore où on la voit avec ce manteau, accroupie au milieu d'une allée pour ramasser une minuscule feuille morte rouge. On dirait un lutin !

TAILLES

0/3 [3/6-6/12] mois (photographies : 6/12 mois)

FOURNITURES

Fil 55 % laine et 45 % coton biologique,
pour aiguilles n° 5 : 200 g prune, 100 g bleu
Un peu de coton mercerisé
3 petits boutons de duffle-coat, en bois
Aiguilles circulaires de 40 cm de longueur : n° 5, n° 5 1/2
1 paire d'aiguilles n° 5 1/2 - 5 aiguilles à 2 pointes n° 5
1 crochet
4 marqueurs
1 aiguille à tapisserie - Aiguille et fil à coudre

ÉCHANTILLON

Un carré de 10 cm de côté en jersey,
avec les aiguilles n° 5 1/2 = 17 mailles et 26 rangs

Réalisation

EMPIÈCEMENT

Avec l'aig. circulaire n° 5 1/2 et le fil prune, montez 24 [28-32] m., en utilisant la technique de la chaînette provisoire (voir page 12; crochetez la chaînette avec le coton mercerisé).

1er rg (env.). 1 m. end., 3 [4-5] m. env., placez 1 mqr, 4 m. env., placez 1 mqr, 8 [10-12] m. env., placez 1 mqr, 4 m. env., placez 1 mqr, 3 [4-5] m. env., 1 m. end.
2e rg. 1 m. env., *tric. à l'end. jusqu'à 1 m. avant le mqr, 1 augm. inter., 1 m. end., déplacez le mqr ici, 1 m. end., 1 augm. inter*, rép. 3 fois de * à *, tric. à l'end. jusqu'à 1 m. avant la fin du rg, 1 m. env. = 32 [36-40] m.
3e rg. 1 m. end., tric. à l'env. jusqu'à 1 m. avant la fin du rg, 1 m. end.
4e rg. Comme le 2e rg = 40 [44-48] m.

Rép. 11 [12-13] fois les 3e et 4e rgs = 128 [140-152] m. Tric. 1 rg droit, en trav. comme au 3e rg.

Tric. 1 rg de la façon suiv. : 1 m. env., tric. à l'end. jusqu'au 1er mqr et ôtez-le, gl. les 30 [32-34] m. suiv. en attente sur du coton mercerisé pour la manche gauche, montez 2 m. en utilisant la technique du montage enchaîné (voir page 13), tric. à l'end. jusqu'au 3e mqr et ôtez-le, gl. les 30 [32-34] m. suiv. en attente sur du coton mercerisé pour la manche droite, ôtez le 4e mqr, montez 2 m. comme précédemment, tric. à l'end. jusqu'à 1 m. avant la fin du rg, 1 m. env. = 72 [80-88] m.

PARTIE PRINCIPALE

Tric. 5 rgs droit en jersey end. avec 1 m. au point mousse à chaque extrémité.

Tric. 1 rg (end.) de la façon suiv. : 1 m. env., 16 [18-20] m. end., 1 augm. inter., 1 m. end., placez 1 mqr, 1 m. end., 1 augm. inter., 34 [38-42] m. end., 1 augm. inter., 1 m. end., placez 1 mqr, 1 m. end., 1 augm. inter., 16 [18-20] m. end., 1 m. env. = 76 [84-92] m.

◆Tric. 5 rgs droit en jersey end. avec 1 m. au point mousse à chaque extrémité.

Tric. 1 rg (end.) de la façon suiv. : 1 m. env., * tric. à l'end. jusqu'à 1 m. avant le mqr, 1 augm. inter., 1 m. end., déplacez le mqr ici, 1 m. end., 1 augm. inter.*, rép. 1 fois de * à *, tric. à l'end. jusqu'à 1 m. avant la fin du rg, 1 m. env.◆ = 80 [88-96] m.

Rép. encore 2 [3-4] fois de ◆ à ◆ = 88 [100-112] m. Tric. 5 rgs droit en jersey end. avec 1 m. au point mousse à chaque extrémité.Tric. 1 rg à l'end. Vous obtenez 21,5 [24,5-27,5] cm
de haut. tot. Rab. toutes les m. en les tric. à l'end.

MANCHES

Reprenez les m. de la manche droite sur l'aig. circulaire n° 5 1/2 . Trav. en jersey end., en comm. par 1 rg à l'end. Rab. 1 m. au début des 2 prem. rgs = 28 [30-32] m.

▼Tric. 10 [11-12] rgs droit.
Dim. 1 m. à chaque extrémité du rg suiv (sur l'end., tric. : 1 m. end., 2 m. gl. tric. ens., tric. à l'end. jusqu'à 3 m. avant la fin du rg, 2 m. ens. à l'end., 1 m. end. ; sur l'env., tric. : 1 m. env., 2 m. ens. à l'env., tric. à l'env. jusqu'à 3 m. avant la fin du rg, 2 m. torses ens. à l'env., 1 m. env.▼ = 26 [28-30] m.

Rép. encore 1 fois de ▼ à ▼ = 24 [26-28] m. Cont. droit. À 22 [23,5-26,5] cm de haut. tot., tric. 1 rg à l'end. sur l'end. Rab. toutes les m.

Tric. la manche gauche de la même manière.

CAPUCHE

Défaites la chaînette de l'empiècement avec précaution, en transférant les m. une par une sur une aig. n° 5 1/2. Reprenez l'ouvrage sur l'end. et trav. avec le fil prune.

1er rg. 1 m. env., 1 augm. inter., 4 [6-8] m. end., *1 augm. inter., 7 m. end.*, rép. 1 fois de * à *, 1 augm. inter., 4 [6-8] m. end., 1 augm. inter., 1 m. env. = 29 [33-37] m.
2e rg. 1 m. end., tric. à l'env. jusqu'à 1 m. avant la fin du rg, 1 m. end.
3e rg. 1 m. env., 1 augm. inter., 5 [7-9] m. end., *1 augm. inter., 8 m. end.*, rép. 1 fois de * à *, 1 augm. inter., 6 [8-10] m. end., 1 augm. inter., 1 m. env. = 34 [38-42] m.
4e rg. Comme le 2e rg.
5e rg. 1 m. env., tric. à l'end. jusqu'à 1 m. avant la fin du rg, 1 m. env.

Cont. en rép. les 4e et 5e rgs. Quand la capuche mesure 16 [18-20] cm de haut., sur 1 rg end., tric. 17 [19-21] m. à l'end. et tournez. Assemblez les 2 groupes de m. en grafting (voir page 17).

Finitions

Rentrez les fils. Fermez les manches.

BORDURE DES MANCHES

Avec les aig. à 2 pointes n° 5 et le fil bleu, sur l'end., relev. en les tric. à l'end. 24 [26-28] m. autour du rg de rabattage de l'une des manches, en comm. sur la couture.
Fermez-les en rond. Tric. 1 tour à l'end.

Montez 3 m. sur l'aig. de gauche, en utilisant la technique sur 2 aig. (voir page 13) = 27 [29-31] m.

▲*Tric. 2 m. end., 2 m. ens. à l'env. Transférez les m. de l'aig. de droite sur l'aig. de gauche et tirez le fil derr. elles*. Rép. de * à * jusqu'à ce qu'il reste 4 m.

Coupez le fil en laissant une longue extrémité et passez-la dans les m. restantes. Assemblez les bords de la cordelière. Rentrez les fils.▲

Bordez l'autre manche de la même manière.

BORDURE DE LA PARTIE PRINCIPALE

Avec l'aig. circulaire n° 5 et le fil bleu, sur l'end., en comm. au centre du rg de rabattage du dos, relev. en les tric. à l'end. 44 [50-58] m. le long de la partie droite du bas, 38 [44-50] m. le long du devant droit, 36 [38-40] m. autour de la capuche, 38 [44-50] m. le long du devant gauche, puis 44 [50-58] m. le long de la partie gauche du bas = 200 [226-256] m. Fermez-les en rond.
Tric. 1 tour à l'end.

Montez 3 m. sur l'aig. de gauche, en utilisant la technique sur 2 aig. (voir page 13) = 203 [229-259] m.

Trav. comme pour la bordure des manches, en rép. de ▲ à ▲.

BOUTONNAGE

Avec le crochet, introduisez le fil bleu dans la bordure du devant droit. Crochetez une chaînette de 8 cm de longueur. Coupez le fil et arrêtez la boucle du crochet. Cousez l'extrémité de la chaînette sur la bordure. Réalisez 2 autres brides identiques, en vous aidant de la photographie de la page 40.

Cousez les boutons en vis-à-vis des brides, sur la bordure du devant gauche.

couverture nid-d'abeilles

Le principe de cette couverture confortable m'a été en partie inspiré par la célèbre Baby Surprise Jacket *créée en 1968 par Elizabeth Zimmerman. Je l'ai réalisée pour mon bébé, mais elle a passé autant de temps sur les genoux d'adultes divers ! Elle associe du jersey endroit, du point mousse et un motif de sabliers en nid-d'abeilles. L'ensemble est facile à tricoter, mais assez varié pour maintenir l'intérêt.*

DIMENSIONS

Environ 80 x 80 cm

FOURNITURES

400 g de fil en laine de mérinos, pour aiguilles n° 6, jaune

5 aiguilles à 2 pointes n° 6 (facultatives, voir page 15)

Aiguilles circulaires n° 6, de 30 à 80 cm de longueur (Le nombre d'aiguilles dépend de votre manière de tricoter. Vous pouvez le réduire en employant un modèle à flexibles interchangeables.)

9 marqueurs

1 aiguille à tapisserie

ÉCHANTILLON

Un carré de 10 cm de côté en jersey, avec les aiguilles n° 6 = 16 mailles et 26 rangs

Note

La couverture est entièrement tricotée en rond, du centre vers l'extérieur.

Abréviations spéciales

2MCDV = 2 mailles croisées par devant. Tricotez à l'endroit la 2e maille par son brin avant sans l'écouler de l'aiguille, tricotez à l'endroit la 1re maille et écoulez les 2 mailles.

2MCDR = 2 mailles croisées par derrière. Tricotez à l'endroit la 2e maille par son brin arrière sans l'écouler de l'aiguille, tricotez à l'endroit la 1re maille et écoulez les 2 mailles.

Réalisation

RÉPARTITION DES MAILLES

Avec 1 aig. à 2 pointes (ou en utilisant 1 aig. circulaire comme cela est expliqué page 15), montez 4 m. Répartissez-les régulièrement sur 4 aig. à 2 pointes. Fermez-les en rond.

1er tour. Tric. 1 m. end. dans la 1re m. sans l'écoul. de l'aig., 1 jeté, 1 m. end. dans la 1re m. et écoulez-la. Rép. dans chaque m. suiv. = 12 m. (3 m. par aig.). Placez un mqr pour repérer la fin du tour.
2e tour. Tric. à l'env.
3e tour. *1 m. end., 1 augm. inter., placez 1 mqr, 1 m. end., placez 1 mqr, 1 augm. inter., 1 m. end.*, rép. de * à * jusqu'à la fin du tour = 20 m. (5 m. par aig.).

SECTION AU POINT MOUSSE

4e tour. Tric. à l'env.
5e tour. *Tric. à l'end. jusqu'au mqr, 1 augm. inter., déplacez le mqr ici, 1 m. end., déplacez le mqr ici, 1 augm. inter.*, rép. de * à * jusqu'à la fin du tour = 28 m. (7 m. par aig.).
6e au 13e tour. Rép. 4 fois les 4e et 5e tours = 60 m. (15 m. par aig.).

Cont. avec des aig. circulaires de plus en plus longues.

14e au 23e tour. Rép. 5 fois les 4e et 5e tours = 100 m. (25 m. par côté).

SECTION EN JERSEY ENDROIT

24e tour. Tric. à l'end.
25e tour. Comme le 5e tour = 108 m. (27 m. par aig.).
26e au 45e tour. Rép. 10 fois les 24e et 25e tours = 188 m. (47 m. par côté).

SECTION EN NID-D'ABEILLES

46e tour. *2MCDV, 2MCDR*, rép. de * à * jusqu'à la fin du tour.
47e tour. Comme le 5e tour = 196 m. (49 m. par côté).
48e tour. *2MCDR, 2MCDV*, rép. de * à * jusqu'à la fin du tour (voir Note ci-dessous).
49e tour. Comme le 5e tour = 204 m. (51 m. par côté).
50e au 61e tour. Rép. 3 fois du 46e au 49e tour = 252 m. (63 m. par côté). ***Note : tric. la m. située après chaque mqr en jersey end. (sans croiser les m.). Tric. aussi les m. supplémentaires en jersey end. jusqu'à ce que vous en obteniez 2 à croiser.***

Tric. une 2e section en jersey end. en rép. 6 fois les 24e et 25e tours = 300 m. (75 m. par côté).

Tric. une 2e section au point mousse en rép. 3 fois les 4e et 5e tours = 324 m. (81 m. par côté).

Tric. une 3e section en jersey end. en rép. 6 fois les 24e et 25e tours = 372 m. (93 m. par côté).

Tric. une 2e section en nid-d'abeilles en rép. 2 fois du 46e au 49e tour = 404 m. (101 m. par côté).

Tric. une 4e section en jersey end. en rép. 2 fois les 24e et 25e tours = 420 m. (105 m. par côté).

Tric. une 3e section au point mousse en rép. 11 fois les 4e et 5e tours = 508 m. (127 m. par côté).

Rab. toutes les m. très souplement, en les tric. à l'env. (vous pouvez utiliser une aig. plus grosse afin de trav. plus facilement).

Finitions

Rentrez les fils.

Plongez la couverture dans de l'eau tiède, pressez-la délicatement pour expulser l'excédent d'eau, puis étalez-la sur des serviettes-éponge sèches. Étirez ses quatre coins de façon à ce qu'ils forment des angles bien droits. Assurez-vous aussi que chaque section forme un carré net. N'essayez pas d'étirer exagérément la couverture pour l'agrandir, car cela déformerait les nids-d'abeilles.

nid d'ange

Comme Maile est un bébé d'hiver, j'avais envie de lui tricoter beaucoup de chaleur, d'autant que ma maison est parfois assez froide. J'avais imaginé ce modèle douillet et protecteur, conçu un peu comme un sac de couchage, accompagné d'un bonnet bien enveloppant. Il s'est avéré idéal, vu que Maile passait son temps à rejeter ses couvertures avec les pieds.

TAILLES

6/12 mois

FOURNITURES

Fil 30 % alpaga, 30 % laine de mérinos et 40 % microfibres, pour aiguilles n° $6^{1}/_{2}$: 150 g pour le nid d'ange, 50 g pour le bonnet

11 boutons de 18 mm de diamètre (nid d'ange)

1 bouton de 20 mm de diamètre (bonnet)

1 aiguille circulaire n° $6^{1}/_{2}$ de 60 cm de longueur

5 aiguilles à 2 pointes n° 7 - 1 marqueur

1 aiguille à tapisserie - Aiguille et fil à coudre

ÉCHANTILLONS

Nid d'ange. Un carré de 10 cm de côté en jersey, avec les aiguilles n° $6^{1}/_{2}$ = 14,5 mailles et 22 rangs

Bonnet. Un carré de 10 cm de côté en jersey, avec les aiguilles n° 7 = 16 mailles et 19 rangs

Réalisation du nid d'ange

COL

Avec l'aig. circulaire n° 6 1/2, montez 32 m. Trav. entièrement à l'end. pour obtenir du point mousse.

Tric. 2 rgs droit.

3e rg. 2 m., 1 jeté (= 1 boutonnière), 2 m., *1 augm. inter., 2 m.*, rép. de * à * jusqu'à la fin du rg = 47 m.

Tric. 5 rgs droit.

9e rg. 2 m., 1 jeté (= 1 boutonnière), 4 m., 1 augm. inter., *3 m., 1 augm. inter.*, rép. de * à * jusqu'à 2 m. avant la fin du rg, 2 m. = 62 m.

Tric. 5 rgs droit.

15e rg. 2 m., 1 jeté (= 1 boutonnière), 6 m., 1 augm. inter., *4 m., 1 augm. inter.*, rép. de * à * jusqu'à 2 m. avant la fin du rg, 2 m. = 77 m.

Tric. 5 rgs droit.

21e rg. 2 m., 1 jeté (= 1 boutonnière), 8 m., 1 augm. inter., *5 m., 1 augm. inter.*, rép. de * à * jusqu'à 2 m. avant la fin du rg, 2 m. = 92 m.

Tric. 3 rgs droit.

Rab. 4 m. au début du rg suiv. = 88 m. Ne tournez pas.

PARTIE PRINCIPALE

Fermez le rg et cont. en rond. Tric. 68 m. à l'end. et placez le marqueur pour repérer la fin du tour. Tric. 30 cm en jersey, puis 10 cm au point mousse, en term. par 1 rg env.

RABAT

Rab. 43 m. au début du tour suiv. = 45 m. Cont. en rgs allers-retours, au point mousse. Tric. 6 cm droit, en term. par 1 rg env.

Réalisez 7 boutonnières de la façon suiv.: 4 m., *1 jeté, 2 m. ens., 4 m.*, rép. de * à jusqu'à 5 m. avant la fin du rg, 1 jeté, 2 m. ens., 3 m.

Tric. 3 rgs droit. Rab. toutes les m.

Finitions du nid d'ange

Rentrez les fils. Cousez les boutons de 18 mm de diamètre en vis-à-vis des boutonnières (sur le col, ils doivent être très éloignés du bord).

Réalisation du bonnet

Avec les aig. à 2 pointes n° 7, montez 4 m. Tric. 1 cordelière de 4 rgs (voir page 14).

Répartissez les m. sur 4 aig. et fermez-les en rond.
1er tour. 4 augm. barrées à l'end. = 8 m.
2e tour. Tric. à l'end.
3e tour. 8 augm. barrées à l'end. = 16 m.
4e tour. Tric. à l'end.
5e tour. Tric. à l'end.
6e tour. *Tric. à l'end. les m. de l'aig., 1 augm. inter. entre les 2 aig.*, rép. 3 fois de * à * = 20 m.
7e au 20e tour. Rép. 7 fois les 5e et 6e tours = 48 m.
21e au 26e tour. Tric. à l'end.
27e tour. Montez 4 m. en utilisant la technique du montage enchaîné (voir page 13), term. le tour à l'env. = 52 m.

Cont. en rgs allers-retours. Tric. 1 rg à l'env. Réalisez 1 boutonnière de la façon suiv.: 2 m. env., 1 jeté, 2 m. ens. à l'env., term. le rg à l'env. Tric. 3 rgs au point mousse. Rab. les m. souplement.

Finitions du bonnet

Rentrez les fils. Cousez le bouton de 20 mm de diamètre en vis-à-vis de la boutonnière.

culotte à dentelles

Retrouvez le charme des culottes d'autrefois. Celle-ci est bordée de volants ajourés. Les jambes sont tricotées de bas en haut en rangs allers-retours, l'une avec une paire d'aiguilles, l'autre avec une aiguille circulaire. Elles sont ensuite réunies sur l'aiguille circulaire pour terminer l'ouvrage en rond.

TAILLES

0/3 [3/6-6/12] mois
(photographies : 0/3 mois et 6/12 mois)

FOURNITURES

100 g de fil 55 % laine, 33 % microfibres et 12 % cachemire, pour aiguilles n° 5, vieux rose
40 [42-44] cm d'élastique plat de 1,5 cm de largeur
1 bouton de 18 mm de diamètre
1 paire d'aiguilles n° 5
1 aiguille circulaire n° 5 de 40 cm de longueur
1 aiguille à tapisserie
Aiguille et fil à coudre

ÉCHANTILLON

Un carré de 10 cm de côté en jersey, avec les aiguilles n° 5 = 21 mailles et 28 rangs

Réalisation

VOLANTS (X 2)

Avec la paire d'aig., montez 4 m.

1er rg (env.). Tric. à l'end.
2e rg. 2 m. end., 2 jetés, 2 m. end. = 6 m.
3e rg. 3 m. end., 1 m. env., 2 m. end.
4e rg. Tric. à l'end.
5e rg. 1 m. gl., rab. 2 m., 3 m. end. = 4 m.

Rép. du 2e au 5e rg jusqu'à obtenir 18 [20-22] cm de haut. tot.

Rab. toutes les m.

JAMBES

Avec la paire d'aig., sur l'end. de l'un des volants, relev. 34 [38-42] m. le long du bord rectiligne.

1er rg (env.). Tric. à l'end.
2e et 3e rgs. Tric. à l'end.

Tric. 4 [4-6] rgs en jersey end., en comm. par 1 rg à l'end. Mettez cette jambe de côté.

Avec l'aig. circulaire, tric. une jambe identique sur le 2e volant.

PARTIE PRINCIPALE

Sur l'aig. circulaire, tric. à l'end. les m. de la 2e jambe, montez 4 m. en utilisant la technique du montage enchaîné (voir page 13), tric. à l'end. les m. de la 1re jambe, montez 4 m. comme précédemment, puis placez le marqueur = 76 [84-92] m.
Fermez les m. en rond.

Tric. 16 [18-20] cm en jersey end.

CEINTURE

Tric. 1 tour à l'env. pour marquer le pli de la ceinture.

Tric. 2 cm en jersey end.

Coupez le fil, en laissant une très longue extrémité. Laissez les m. sur l'aig.

Finitions

Rentrez les fils.

Superposez les extrémités de l'élastique sur 2 cm de manière à former un anneau, puis cousez-les. Placez l'élastique sur l'env. de la culotte, sous le tour tric. à l'env. pour marquer le pli. Enfilez le fil laissé à la fin de la ceinture sur l'aig. à tapisserie. Piquez cette dernière dans la 1re m. de la ceinture et écoulez cette m. de l'aig. circulaire. Piquez dans la m. située à l'aplomb 4 cm plus bas. Piquez l'aig. à tapisserie dans la 2e m. de la ceinture et écoulez cette m. de l'aig. circulaire. Piquez dans la m. située à l'aplomb 4 cm plus bas. Cont. ainsi tout autour de l'ouvrage afin d'emprisonner l'élastique.

Fermez l'entrejambe.

Cousez le bouton sur le devant de la culotte, au centre de la ceinture.

short

Ce short décontracté est parfait pour profiter des premiers rayons du soleil. Les jambes sont tricotées de bas en haut en rangs allers-retours, l'une avec une paire d'aiguilles, l'autre avec une aiguille circulaire. Elles sont ensuite réunies sur l'aiguille circulaire pour terminer l'ouvrage en rond.

TAILLES

0/3 [3/6-6/12] mois (photographies : 6/12 mois)

FOURNITURES

100 g de fil 55 % laine, 33 % microfibres et 12 % cachemire, pour aiguilles n° 5, bleu pervenche

40 [42-44] cm d'élastique plat de 1,5 cm de largeur

1 bouton de 18 mm de diamètre

1 paire d'aiguilles n° 5

1 aiguille circulaire n° 5 de 40 cm de longueur

1 aiguille à tapisserie

Aiguille et fil à coudre

ÉCHANTILLON

Un carré de 10 cm de côté en jersey, avec les aiguilles n° 5 = 21 mailles et 28 rangs

Réalisation

JAMBES

Avec la paire d'aig., montez 34 [38-42] m.

1er rg (end.). Tric. à l'env.
2e rg. Tric. à l'end.

Tric. 2 rgs à l'env., puis 1 rg à l'end.
Rép. 1 fois de * à *. Tric. 2 rgs à l'env.

Tric. 4 [4-6] rgs en jersey end., en comm. par 1 rg à l'end. Mettez cette jambe de côté.

Tric. une jambe identique avec l'aig. circulaire.

PARTIE PRINCIPALE

Sur l'aig. circulaire, tric. à l'end. les m. de la 2e jambe, montez 4 m. en utilisant la technique du montage enchaîné (voir page 13), tric. à l'end. les m. de la 1re jambe, montez 4 m. comme précédemment, puis placez le marqueur = 76 [84-92] m.
Fermez les m. en rond.

Tric. 16 [18-20] cm en jersey end.

CEINTURE

Tric. 1 tour à l'env. pour marquer le pli de la ceinture.

Tric. 2 cm en jersey end.

Coupez le fil, en laissant une très longue extrémité. Laissez les m. sur l'aig.

Finitions

Rentrez les fils.

Superposez les extrémités de l'élastique sur 2 cm de manière à former un anneau, puis cousez-les. Placez l'élastique sur l'env. du short, sous le tour tric. à l'env. pour marquer le pli. Enfilez le fil laissé à la fin de la ceinture sur l'aig. à tapisserie. Piquez cette dernière dans la 1re m. de la ceinture et écoulez cette m. de l'aig. circulaire. Piquez dans la m. située à l'aplomb 4 cm plus bas. Piquez l'aig. à tapisserie dans la 2e m. de la ceinture et écoulez cette m. de l'aig. circulaire. Piquez dans la m. située à l'aplomb 4 cm plus bas. Cont. ainsi tout autour de l'ouvrage afin d'emprisonner l'élastique.

Fermez l'entrejambe.

Cousez le bouton sur le devant du short, au centre de la ceinture.

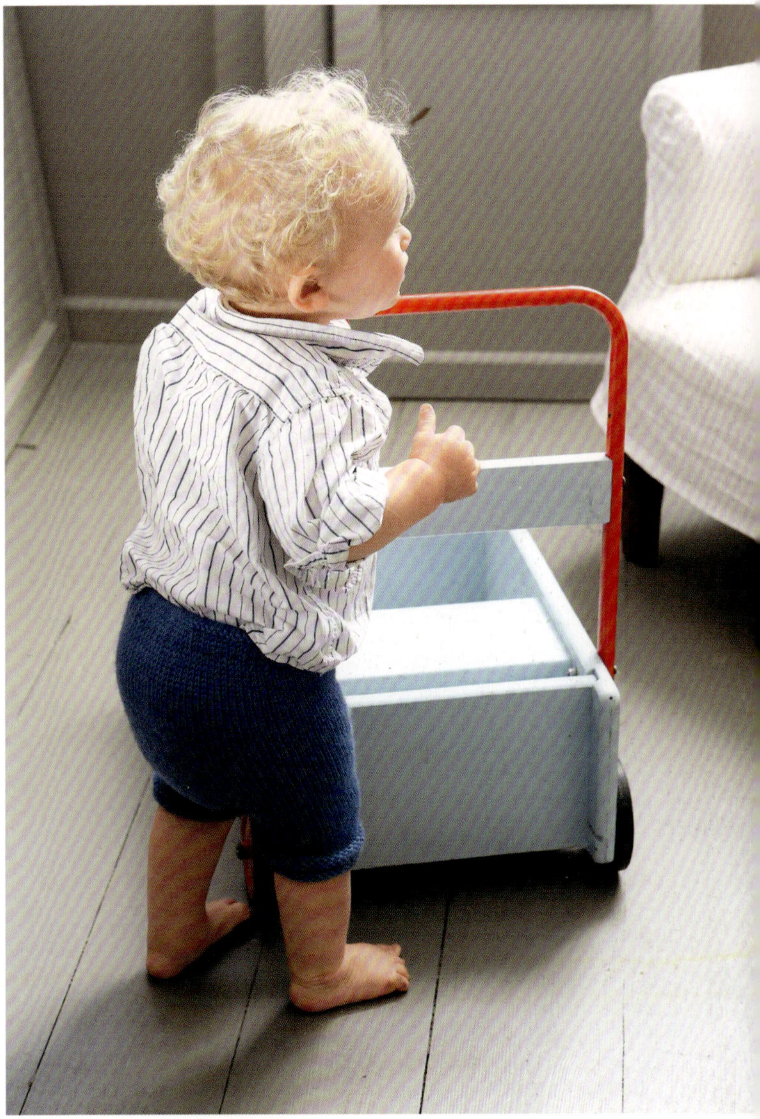

le deuxième trimestre

Les choses deviennent à présent un peu plus passionnantes. Vos idées de tricot évoluent à mesure que le bébé grandit en vous. Vous pouvez opter pour des vêtements résolument féminins, comme le Tutu ou la Robe Emily, ou bien vous en tenir à des modèles unisexes.

veste Maile

Ce modèle m'est cher parce que je l'ai imaginé pour ma fille. La maile est une plante grimpante parfumée d'Hawaï, où on l'utilise traditionnellement pour les leis (guirlandes de fleurs) des grandes occasions. Le jour de nos noces, mon mari et moi portions des leis de mailes, drapés autour des épaules comme le veut la coutume. Les motifs ajourés de cette veste évoquent ce souvenir.

TAILLES

0/3 [3/6-6/12] mois
(photographies : 3/6 mois)

FOURNITURES

100 g de fil en laine de mérinos, pour aiguilles n° 3 1/2, prune chiné
4 boutons de 15 mm de diamètre
1 aiguille circulaire n° 3 1/2 de 40 cm de longueur
5 aiguilles à 2 pointes n° 3 1/2 (facultatives)
3 arrêts de mailles
6 marqueurs
1 aiguille à tapisserie
Aiguille et fil à coudre

ÉCHANTILLON

Un carré de 10 cm de côté en jersey,
avec des aiguilles n° 3 1/2 = 26 mailles et 36 rangs

1 2 3 4 5 6

Point ajouré n° 1

1er rg (end.). 3 m. end., 2 m. ens. à l'end., 1 jeté, 1 m. end., 1 jeté, 1 srjt sple, *5 m. end., 2 m. ens. à l'end., 1 jeté, 1 m. end., 1 jeté, 1 srjt sple*, rép. de * à * jusqu'à 3 m. avant la fin du rg, 3 m. end.
2e rg et tous les rgs env. suiv. Tric. à l'env.
3e rg. 2 m. end., 2 m. ens. à l'end., 1 jeté, 3 m. end., 1 jeté, 1 srjt sple, *3 m. end., 2 m. ens. à l'end., 1 jeté, 3 m. end., 1 jeté, 1 srjt sple*, rép. de * à * jusqu'à 2 m. avant la fin du rg, 2 m. end.
5e et 7e rgs. Comme le 1er rg.

Point ajouré n° 2

1er rg (end.). *1 m. end., 1 jeté*, rép. 1 fois de * à *, 1 srjt dble, 3 m. end., 3 m. ens. à l'end., °1 jeté, 1 m. end.°, rép. 1 fois de ° à ° = 13 m.
2e rg et tous les rgs env. suiv. Tric. à l'env.
3e rg. 1 m. end., 1 jeté, 3 m. end., 1 jeté, 1 srjt sple, 1 m. end., 2 m. ens. à l'end., 1 jeté, 3 m. end., 1 jeté, 1 m. end. = 15 m.
5e rg. 1 m. end., 1 jeté, 1 srjt sple, 1 m. end., 2 m. ens. à l'end., 1 jeté, 1 srjt dble, 1 jeté, 1 srjt sple, 1 m. end., 2 m. ens. à l'end., 1 jeté, 1 m. end. = 13 m.
7e et 9e rgs. 1 m. end., *1 jeté, 1 srjt sple, 1 m. end., 2 m. ens. à l'end., 1 jeté, 1 m. end.*, rép. 1 fois de * à *.
10e rg. Tric. à l'env.

Réalisation

PARTIE INFÉRIEURE DU DOS ET DES DEVANTS

Avec l'aig. circulaire, montez 131 [141-151] m.
Tric. 11 rgs au point mousse.

12e rg (env.). 5 m. end., tric. à l'env. jusqu'à 5 m. avant la fin du rg, 5 m. end.
13e rg. 5 m. end., tric. au point ajouré n° 1 jusqu'à 5 m. avant la fin du rg, 5 m. end.
14e au 19e rg. Rép. 3 fois les 12e et 13e rgs (vous avez term. les 7 rgs du point ajouré n° 1).

Cont. en jersey end., avec 1 bordure de 5 m. au point mousse à chaque extrémité, comme suit.
20e rg. Comme le 12e rg.
21e rg. 33 [35-37] m. end., placez 1 mqr, 65 [71-77] m. end., placez 1 mqr, 33 [35-37] m. end.
22e rg. Comme le 12e rg.
23e rg. ◆*Tric. à l'end. jusqu'à 3 m. avant le mqr, 2 m. gl. tric. ens., 1 m. end., déplacez le mqr ici, 1 m. end., 2 m. ens.*, rép. 1 fois de * à *, term. le rg à l'end. = 127 [137-147] m.
Tric. 7 [9-11] rgs droit.◆
Rép. encore 2 fois de ◆ à ◆ = 119 [129-139] m.

Tric. droit jusqu'à obtenir 11 [13-15] cm de haut. tot., en term. par 1 rg end.

Tric. 1 rg de la façon suiv.: 5 m. end., tric. à l'env. jusqu'à 2 m. avant le mqr, rab. 4 m.*, rép. 1 fois de * à *, tric. à l'env. jusqu'à 5 m. avant la fin du rg, 5 m. end. = 111 [121-131] m. Laissez les m. en attente sur un arrêt.

MANCHES (X 2)

Avec l'aig. circulaire, montez 34 [38-42] m.

Tric. 10 rgs au point mousse.

◆Tric. 1 rg de la façon suiv.: 2 m. end., 1 augm. inter. à l'end., tric. à l'end. jusqu'à 2 m. avant la fin du rg, 1 augm. inter. à l'end., 2 m. end. = 36 [40-44] m.
Tric. 3 [5-5] rgs en jersey end.◆
Rép. encore 3 fois de ◆ à ◆ = 42 [46-50] m.

▼Tric. 1 rg de la façon suiv. : 2 m. end., 1 augm. inter. à l'end., tric. à l'end. jusqu'à 2 m. avant la fin du rg, 1 augm. inter. à l'end., 2 m. end. = 44 [48-52] m. Tric. 5 [5-7] rgs en jersey end.▼
Rép. encore 2 fois de ▼ à ▼ = 48 [52-56] m.

Tric. droit jusqu'à obtenir 12 [15-18] cm de haut. tot., en term. par 1 rg env.

Rab. 2 m. au début des 2 rgs suiv. = 44 [48-52] m.

Laissez les m. en attente sur un arrêt.

EMPIÈCEMENT

Reprenez sur l'aig. circulaire les m. en attente de la partie inférieure, sur l'end. Tric. à l'end. de la façon suiv. : tric. jusqu'à 6 m. avant le 1er groupe de 4 m. rab., placez 1 mqr, 6 m., tric. les 7 prem. m. d'une manche, placez 1 mqr, term. la manche, placez 1 mqr, tric. la partie inférieure jusqu'au 2e groupe de 4 m. rab., placez 1 mqr, tric. l'autre manche jusqu'à 7 m. avant la fin, placez 1 mqr, tric. les 7 dern. m. de la manche, tric. 6 m. de la partie inférieure, placez 1 mqr, term. la partie inférieure = 199 [217-235] m. (Ce rg est assez difficile à tric.,

car les m. sont serrées. Facilitez-vous la tâche en formant une boucle avec le flexible, comme cela est expliqué page 15, ou bien trav. avec un jeu d'aig. à 2 pointes.)

Sur le rg suiv., réalisez 1 boutonnière comme suit :
5 m. end., tric. à l'env. jusqu'à 5 m. avant la fin du rg, 1 m. end., 2 m. ens. à l'end., 1 jeté, 2 m. end.

◆Tric. 1 rg de la façon suiv. : tric. à l'end. jusqu'à 2 m. avant le 1er mqr, 2 m. gl. tric. ens. à l'end., tric. au point ajouré n° 2 entre les 1er et 2e mqrs, 2 m. ens. à l'end., *tric. à l'end. jusqu'à 3 m. avant le mqr suiv., 2 m. gl. tric. ens. à l'end., 2 m. end., 2 m. ens. à l'end.*, rép. 1 fois de * à *, tric. à l'end. jusqu'à 2 m. avant le 5e mqr, 2 m. gl. tric. ens. à l'end., tric. au point ajouré n° 2 entre les 2 dern. mqrs, 2 m. ens. à l'end., term. le rg à l'end. = 191 [209-227] m.
Tric. 1 rg de la façon suiv. : 5 m. end., tric. à l'env. jusqu'à 5 m. avant la fin du rg, 5 m. end.◆
Rép. encore 14 fois de ◆ à ◆ = 79 [97-115] m.
(vous avez tric. 3 fois au total le point ajouré n° 2).
Simultanément, réalisez 1 boutonnière tous les 10 rgs = 4 boutonnières au total.

TAILLE 0/3 MOIS UNIQUEMENT
Cont. au point mousse comme suit.
Tric. 1 rg droit.
Tric. 1 rg de la façon suiv. : *11 m., 2 m. ens.*, rép. de * à * jusqu'à 1 m. avant la fin du rg, 1 m. = 73 m.
Tric. 1 rg droit.
Tric. 1 rg de la façon suiv. : *10 m., 2 m. ens.*, rép. de * à * jusqu'à 1 m. avant la fin du rg, 1 m. = 67 m.
Tric. 1 rg droit.

TAILLE 3/6 MOIS UNIQUEMENT
Cont. au point mousse comme suit.
Tric. 2 rgs droit.
Tric. 1 rg de la façon suiv. : *14 m., 2 m. ens.*, rép. de * à * jusqu'à 1 m. avant la fin du rg, 1 m. = 91 m.
Tric 1 rg droit.
Tric. 1 rg de la façon suiv. : *13 m., 2 m. ens.*, rép. de * à * jusqu'à 1 m. avant la fin du rg, 1 m. = 85 m.
Tric 1 rg droit.
Tric. 1 rg de la façon suiv. : *12 m., 2 m. ens.*, rép. de * à * jusqu'à 1 m. avant la fin du rg, 1 m. = 79 m.
Tric 1 rg droit.
Tric. 1 rg de la façon suiv. : *11 m., 2 m. ens.*, rép. de * à * jusqu'à 1 m. avant la fin du rg, 1 m. = 73 m.
Tric 1 rg droit.

TAILLE 6/12 MOIS UNIQUEMENT
Cont. au point mousse comme suit.
Tric. 2 rgs droit.
Tric. 1 rg de la façon suiv. : *16 m., 2 m. ens.*, rép. de * à * jusqu'à 7 m. avant la fin du rg, 7 m. = 109 m.
Tric 1 rg droit.
Tric. 1 rg de la façon suiv. : *15 m., 2 m. ens.*, rép. de * à * jusqu'à 7 m. avant la fin du rg, 7 m. = 103 m.
Tric 1 rg droit.
Tric. 1 rg de la façon suiv. : *14 m., 2 m. ens.*, rép. de * à * jusqu'à 7 m. avant la fin du rg, 7 m. = 97 m.
Tric 1 rg droit.
Tric. 1 rg de la façon suiv. : *13 m., 2 m. ens.*, rép. de * à * jusqu'à 7 m. avant la fin du rg, 7 m. = 91 m.
Tric 1 rg droit.
Tric. 1 rg de la façon suiv. : *12 m., 2 m. ens.*, rép. de * à * jusqu'à 7 m. avant la fin du rg, 7 m. = 85 m.
Tric 1 rg droit.
Tric. 1 rg de la façon suiv. : *11 m., 2 m. ens.*, rép. de * à * jusqu'à 7 m. avant la fin du rg, 7 m. = 79 m.
Tric 1 rg droit.

TOUTES LES TAILLES
Rab. toutes les m.

Finitions

Rentrez les fils.

Fermez les manches. Mettez l'ouvrage légèrement en forme. Cousez les boutons en vis-à-vis des boutonnières.

pull rayé à encolure bateau

Le dos et le devant de ce pull sont tricotés exactement de la même manière. Ce modèle est en fait simplissime. C'est la douceur du fil utilisé et les larges rayures qui font tout son charme, tandis que sa large encolure dégagée le rend pratique et confortable.

TAILLES

0/3 [3/6-6/12] mois
(photographies : 6/12 mois)

FOURNITURES

Fil 50 % laine de mérinos, 25 % alpaga et 25 % viscose, pour aiguilles n° 4 :
50 [100-150] g gris clair
50 [50-100] g bleu marine
1 paire d'aiguilles à tricoter n° 4
1 aiguille à tapisserie

ÉCHANTILLON

Un carré de 10 cm de côté en jersey, avec des aiguilles n° 4 = 19,5 mailles et 31,5 rangs

Point de blé n° 1 (nombre impair de m.)

1er rg (end.). 1 m. end., *1 m. env., 1 m. end.*, rép. de * à * jusqu'à la fin du rg.
2e et 3e rgs. 1 m. env., *1 m. end., 1 m. env.*, rép. de * à * jusqu'à la fin du rg.
4e rg. Comme le 1er rg.

Point de blé n° 2 (nombre pair de m.)

1er rg (end.). *1 m. end., 1 m. env.*, rép. de * à * jusqu'à la fin du rg.
2e rg. Comme le 1er rg.
3e et 4e rgs. *1 m. env., 1 m. end.*, rép. de * à * jusqu'à la fin du rg.

Réalisation

DOS/DEVANT (2 PIÈCES)

Avec le fil gris clair, montez 49 [53-57] m.

Tric. 6 [8-10] rgs au point de blé n° 1.

Cont. en jersey end.
◆Avec le fil bleu marine, tric. 6 [8-10] rgs.
Avec le fil gris clair, tric. 6 [8-10] rgs.◆

Rép. de ◆ à ◆ jusqu'à obtenir 5 [4-4] rayures bleu marine.

Cont. avec le fil gris clair, au point de blé n° 1.

À 21 [25-28] cm de haut. tot., après 1 rg env., tric. 1 rg de la façon suiv.: 12 [14-15] m. (1re épaule), rab. 25 [25-27], term. le rg (2e épaule).

Laissez les m. de la 1re épaule sur l'aig.

Tric. 2,5 [2,75-3] cm sur les m. de 2e épaule, puis rab.-les.

Tric. 2,5 [2,75-3] cm sur les m. de 1re épaule, puis rab.-les.

MANCHES (X 2)

Avec le fil gris clair, montez 30 [34-36] m.

Tric. 6 [8-10] rgs au point de blé n° 2.

Cont. en jersey end., en réalisant les rayures comme sur le dos et le devant, et en trav. comme suit.
▼Tric. 7 [7-8] rgs droit.
Tric. 1 rg de la façon suiv.: 2 m., 1 augm. inter., tric. jusqu'à 2 m. avant la fin du rg, 1 augm. inter., 2 m.▼ = 32 [36-38] m.
Rép. encore 6 fois de ▼ à ▼ = 44 [48-50] m.

Tric. 2 [4-2] rgs droit.

Rab. toutes les m.

Finitions

Rentrez les fils.

Avec le fil gris clair, assemblez le dos et le devant par les épaules, puis fermez les manches. Assemblez le dos et le devant par les côtés, en vous arrêtant à 10 [12-13] cm de la couture d'épaule. Cousez les manches dans les emmanchures.

Mettez l'ouvrage légèrement en forme si vous le voulez.

corsage Sophie

Ma nièce Sophie a deux jours de moins que ma fille Maile, mais elle la devance depuis le début: elle a marché la première, parlé la première, et a toujours les vêtements les plus chics. Ce corsage à effet smocké va merveilleusement avec ses jeans de marque et ses souliers babies classiques.

TAILLES

0/3 [3/6-6/12] mois
(photographies : 6/12 mois)

FOURNITURES

50 g de fil 80 % laine de mérinos, 20 % cachemire, pour aiguilles n° 4, lavande
3 boutons de 15 mm de diamètre
1 aiguille circulaire n° 4 de 40 cm de longueur
1 aiguille à 2 pointes n° 4
4 marqueurs
1 aiguille à tapisserie
Aiguille et fil à coudre

ÉCHANTILLON

Un carré de 10 cm de côté en jersey, avec des aiguilles n° 4 = 25 mailles et 36 rangs

Réalisation

DOS/DEVANT

Montez 63 [56-62] m.

1er rg (end.). 12 [11-12] m. env, placez 1 mqr, 9 [7-8] m. env., placez 1 mqr, 21 [20-22] m. env., placez 1 mqr, 9 [7-8] m. env., placez 1 mqr, 12 [11-12] m. env.
2e rg. Tric. à l'end.

RAGLAN

3e rg. ◆4 m. env., *tric. à l'end. jusqu'au mqr, 1 augm. inter. à l'end., déplacez le mqr ici, 1 m. end., 1 augm. inter. à l'end.*, rép. 3 fois de * à *, tric. à l'end. jusqu'à 4 m. avant la fin du rg, 4 m. env. = 71 [64-70] m.
4e rg. 2 m. env., 1 jeté, 2 m. ens. à l'env. (= 1 boutonnière), tric. à l'env. jusqu'au 2e mqr, 1 augm. barrée à l'env. dans chaque m. jusqu'à 1 m. avant le 3e mqr, term. le rg à l'env. = 93 [85-93]
5e rg. Comme le 3e rg = 101 [93-101] m.
6e rg. Tric. à l'env.
Rép. encore 1 [2-2] fois les 5e et 6e rgs = 109 [109-117] m.
Rép. encore 1 fois le 5e rg = 117 [117-125] m.
10e [12e-12e] rg. Tric. à l'env. jusqu'au 2e mqr, *2 m. ens. à l'env.*, rép. de * à * jusqu'à 1 m. avant le 3e mqr, term. le rg à l'env. = 92 [92-98] m.
11e [13e-13e] rg. 4 m. env., *°tric. à l'end. jusqu'au mqr, 1 augm. inter. à l'end., déplacez le mqr ici, 1 m. end.°, 1 augm. inter. à l'end.*, rép. 1 fois de ° à °, 1 augm. inter. à l'env., tric. à l'env. jusqu'au 3e mqr, 1 augm. inter. à l'env., déplacez le mqr ici, 1 m. end., 1 augm. inter. à l'end., rép. 1 fois de * à *, tric. à l'end. jusqu'à 4 m avant la fin du rg, 4 m env = 100 [100-106] m.◆
12e [14e-14e] rg. Tric. à l'env. jusqu'au 2e mqr, tric. à l'end. jusqu'à 1 m. avant le 3e mqr, term. le rg à l'env.
Rép. encore 2 fois de ◆ à ◆ = 174 [188-194] m.

EMMANCHURES

TAILLE 0/3 MOIS ET 3/6 MOIS UNIQUEMENT

31e [37e] rg. 4 m. env., tric. à l'end. jusqu'au 1er mqr, 1 augm. inter. à l'end., déplacez le mqr ici, *4 [6] m. env., 2 m. ens. à l'env.*, rép. 5 [4] fois de * à *, 3 m. env. (2e mqr), 1 m. end., 1 augm. inter. à l'end., tric. à l'end. jusqu'au 3e mqr, 1 augm. inter. à l'end., déplacez le mqr ici, 3 m. env., °2 m. ens. à l'env., 4 [6] m. env.°, rép. 5 [4] fois de ° à ° (4e mqr), 1 m. end., 1 augm. inter. à l'end., tric. à l'end. jusqu'à 4 m. avant la fin du rg, 4 m. env. = 166 [182] m.
32e [38e] rg. Tric. à l'env.
33e [39e] rg. 4 m. env., tric. à l'end. jusqu'au 1er mqr, 1 augm. inter. à l'end., déplacez le mqr ici, *3 [5] m. env., 2 m. ens. à l'env.*, rép. 5 [4] fois de * à *, 3 m. env. (2e mqr), 1 m. end., 1 augm. inter. à l'end., tric. à l'end. jusqu'au 3e mqr, 1 augm. inter. à l'end., déplacez le mqr ici, 3 m. env.,

°2 m. ens. à l'env., 3 [5] m. env.°, rép. 5 [4] fois de ° à ° (4e mqr), 1 m. end., 1 augm. inter. à l'end., tric. à l'end. jusqu'à 4 m. avant la fin du rg, 4 m. env. = 158 [176] m.

TAILLE 6/12 MOIS UNIQUEMENT

37e rg. 4 m. env., tric. à l'end. jusqu'au 1er mqr, 1 augm. inter. à l'end., déplacez le mqr ici, *6 m. env., 2 m. ens. à l'env., °4 m. env., 2 m. ens. à l'env.°, rép. 4 fois de ° à °, 6 m. env.* (2e mqr), 1 m. end., 1 augm. inter. à l'end., tric. à l'end. jusqu'au 3e mqr, 1 augm. inter. à l'end., déplacez le mqr ici, rép. 1 fois de * à * (4e mqr), 1 m. end., 1 augm. inter. à l'end., tric. à l'end. jusqu'à 4 m. avant la fin du rg, 4 m. env. = 186 m.

38e rg. Tric. à l'env.

39e rg. 4 m. env., tric. à l'end. jusqu'au 1er mqr, 1 augm. inter. à l'end., déplacez le mqr ici, 5 m. env., 2 m. ens. à l'env., *3 m. env., 2 m. ens. à l'env.*, rép. 4 fois de * à *, 6 m. env. (2e mqr), 1 m. end., 1 augm. inter. à l'end., tric. à l'end. jusqu'au 3e mqr, 1 augm. inter. à l'end., déplacez le mqr ici, 6 m. env., 2 m. ens. à l'env., rép. 5 fois de * à *, 5 m. env. (4e mqr), 1 m. end., 1 augm. inter. à l'end., tric. à l'end. jusqu'à 4 m. avant la fin du rg, 4 m. env. = 178 m.

TOUTES LES TAILLES

34e [40e-40e] rg. En retirant les mqrs au fur et à mesure, tric. à l'env. jusqu'au 1er mqr, rab. les m. en les tric. à l'end. jusqu'au 2e mqr, tric. à l'env. jusqu'au 3e mqr, rab. les m. en les tric. à l'end. jusqu'au 4e mqr, term. le rg à l'env. = 104 [110-114] m.

35e [41e-41e] rg. 4 m. env., *tric. à l'end. jusqu'à l'emmanch., montez 3 [4-4] m. en utilisant la technique du montage enchaîné (voir page 13), placez 1 mqr pour repérer le côté, montez 3 [4-4] m. comme précédemment*, rép. 1 fois de * à *, tric. à l'end. jusqu'à 4 m. avant la fin du rg, gl. les 4 dern. m. sur l'aig. à 2 pointes. Gl. toutes les autres m. à l'autre extrémité de l'aig. circulaire pour les fermer en rond. En tenant l'aig. à 2 pointes devant, °tric. ens. à l'env. 1 m. de l'aig. circulaire et 1 m. de l'aig. à 2 pointes°, rép. 1 fois de ° à °, placez 1 mqr pour repérér la fin du tour, rép. 2 fois de ° à ° = 112 (122-126] m.

Cont. en rond et à l'end. ▼Tric. 6 tours droit. Tric. 1 tour de la façon suiv. : *tric. à l'end. jusqu'à 1 m. avant le mqr du côté, 1 augm. inter. à l'end., 1 m. end., déplacez le mqr ici, 1 m. end., 1 augm. inter. à l'end.*, rép. 1 fois de * à *, term. le rg à l'end. = 116 [126-130] m.▼

Rép. encore 4 [5-6] fois de ▼ à ▼ = 132 [146-154] m.

Tric. droit jusqu'à obtenir 23 [26,5-28,5] cm de haut. tot Tric. 3 tours à l'env. Rab. toutes les m. en les tric. à l'env.

Finitions

Rentrez les fils. Cousez les boutons en vis-à-vis des boutonnières.

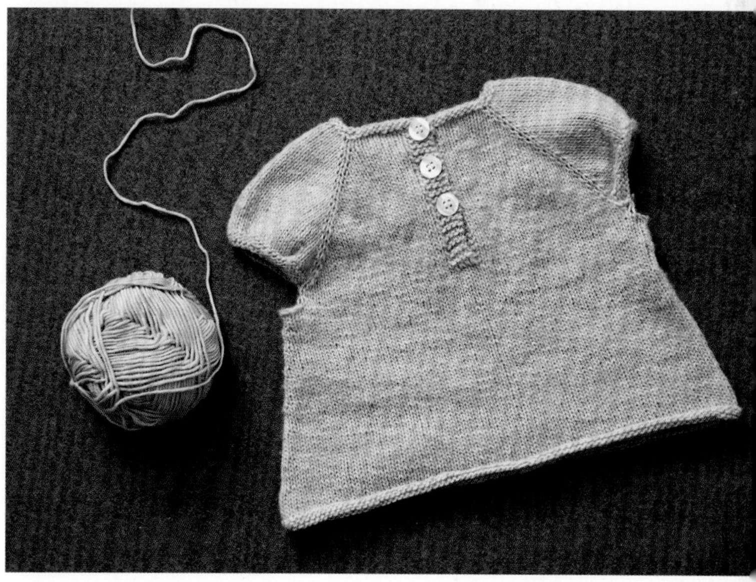

tutu

Dès que j'ai montré un tutu à ma fille pour la première fois, elle a voulu en avoir un. Et tout de suite, s'il vous plaît ! Certaines filles sont comme elles, alors que d'autres préféreraient se sauver plutôt que de porter un vêtement aussi romantique. On ne le sait jamais d'avance…

TAILLES

0/3 [3/6-6/12] mois (photographies : 3/6 mois)

FOURNITURES

50 g de fil 76 % mohair, 24 % soie, pour aiguilles n° 3, rose clair (fil A)
50 g de fil 55 % laine, 33 % microfibres et 12 % cachemire, pour aiguilles n° 5, rose layette (fil B)
40 [42-44] cm d'élastique de 1,5 cm de largeur
1 paire d'aiguilles n° 6
1 aiguille circulaire n° 6 de 40 cm de longueur
1 aiguille à tapisserie - Aiguille et fil à coudre

ÉCHANTILLON

Un carré de 10 cm de côté au point mousse, avec les aiguilles n° 6 et le fil A mis en double = 16 mailles et 22 rangs

Réalisation

VOLANT INFÉRIEUR

Avec la paire d'aig. et le fil A mis en double, montez 148 [156-164] m.

1er rg (env.). Tric. à l'end.

2e *rg.* 1 m. end., *1 jeté, 2 m. ens. à l'end.*, rép. de * à * jusqu'à 1 m. avant la fin du rg, 1 m. end.

Tric. 14 [15-16] cm au point mousse, en term. par 1 rg end.

Tric. 1 rg de la façon suiv. : *2 m. ens. à l'end.*, rép. de * à * jusqu'à la fin du rg = 74 [78-82] m. Coupez le fil.

VOLANT SUPÉRIEUR

Avec l'aig. circulaire et le fil A mis en double, montez 148 [156-164] m. Tric. 2 rgs comme pour le volant inférieur.

Tric. 10 [11-12] cm au point mousse, en term. par 1 rg end.

Tric. 1 rg de la façon suiv. : *2 m. ens. à l'end.*, rép. de * à * jusqu'à la fin du rg = 74 [78-82] m.

Prenez l'aig. portant les m. du volant inférieur et l'aig. circulaire dans la main gauche (ou la main droite si vous êtes gauchère), en plaçant l'aig. cirulaire devant. Avec l'aig. circulaire, *tric. ens. à l'end. 1 m. de l'aig. circulaire et 1 m. de l'aig. du volant inférieur*, rép. de * à * jusqu'à la fin du rg.

CEINTURE

Cont. en rond, en utilisant ens. le fil A mis en double et le fil B. Tric. 3 cm en jersey end.

Tric. 1 tour à l'env. pour marquer le pli de la ceinture.

Tric. 3 cm en jersey end. Coupez les fils, en laissant une très longue extrémité de fil B. Laissez les m. sur l'aig.

Finitions

Rentrez les fils.

Superposez les extrémités de l'élastique sur 2 cm de manière à former un anneau, puis cousez-les. Placez l'élastique sur l'env. du tutu, sous le tour tric. à l'env. pour marquer le pli. Enfilez le fil laissé à la fin de la ceinture sur l'aig. à tapisserie. Piquez cette dernière dans la 1re m. de la ceinture et écoulez cette m. de l'aig. circulaire. Piquez dans la m. située à l'aplomb 6 cm plus bas. Piquez l'aig. à tapisserie dans la 2e m. de la ceinture et écoulez cette m. de l'aig. circulaire. Piquez dans la m. située à l'aplomb 6 cm plus bas. Cont. ainsi tout autour de l'ouvrage afin d'emprisonner l'élastique.

Fermez chaque volant.

pantalon à pattes boutonnées

Il est difficile de trouver des pantalons à la fois pratiques et jolis pour les tout-petits. Soit vous vous contentez de leggings, soit vous devez vous bagarrer après chaque changement de couche pour faire rentrer votre bébé qui se tortille dans un jean près du corps. Extrêmement doux, le modèle que je propose offre une ceinture élastiquée souple et une ampleur confortable.

TAILLES

0/3 [3/6-6/12] mois (photographies : 3/6 mois)

FOURNITURES

100 [100-150] g de fil 57 % laine de mérinos, 33 % microfibres, 10 % cachemire, pour aiguilles n° 4, bleu clair
40 [42-44] cm d'élastique de 1,5 cm de largeur
1 bouton de 19 mm de diamètre
2 boutons de 11 mm de diamètre
1 aiguille circulaire n° 4 de 30 cm de longueur
1 arrêt de mailles - 1 marqueur
1 aiguille à tapisserie
Aiguille et fil à coudre

ÉCHANTILLON

Un carré de 10 cm de côté en jersey, avec des aiguilles n° 4 = 22 mailles et 30 rangs

Point de riz n° 1 (nombre pair de m.)

1er rg (end.). *1 m. end., 1 m. env.*, rép. de * à * jusqu'à la fin du rg.

2e rg. *1 m. env., 1 m. end., rép. de * à * jusqu'à la fin du rg.

Point de riz n° 2 (nombre impair de m.)

Tous les rgs. *1 m. end., 1 m. env.*, rép. de * à * jusqu'à 1 m. avant la fin du rg, 1 m. end.

Côtes 2/2

Tous les rgs. *2 m. end., 2 m. env.*, rép. de * à * jusqu'à la fin du rg.

Réalisation

JAMBES (X 2)

Montez 42 [46-50] m., en laissant une longue extrémité de fil au début.

Tric. 8 rgs au point de riz n° 1.

Tric. 18 [20-22] cm en jersey end., en term. par 1 rg env.

PREMIÈRE JAMBE

Coupez le fil et laissez les m. en attente sur l'arrêt.

SECONDE JAMBE

Ne coupez pas le fil. Laissez les m. sur l'aig.

PARTIE PRINCIPALE

Sur l'aig. circulaire, tric. à l'end. les m. de la 2e jambe, montez 4 m. en utilisant la technique du montage enchaîné (voir page 13), tric. à l'end. les m. de la 1re jambe, montez 4 m. comme précédemment, puis placez le marqueur = 92 [100-108] m.

Cont. en rond et en jersey end.

Tric. 14 [16-18] cm en jersey end.

Tric. 6 cm en côtes 2/2.

Coupez le fil, en laissant une longue extrémité.

PATTES (X 2)

Montez 5 m.

Tric. 10 cm au point de riz n° 2.

Rab. toutes les m.

Finitions

Rentrez les fils.

Superposez les extrémités de l'élastique sur 2 cm de manière à former un anneau, puis cousez-les. Placez l'élastique sur l'env. du pantalon en l'alignant sur le 1er rg de côtes 2/2. Enfilez le fil laissé à la fin de la partie principale sur l'aig. à tapisserie. Piquez cette dernière dans la 1re m. de la partie principale et écoulez cette m. de l'aig. circulaire. Piquez dans la m. située à l'aplomb sur le 1er rg de côtes. Piquez l'aig. à tapisserie dans la 2e m. de la partie principale et écoulez cette m. de l'aig. circulaire. Piquez dans la m. située à l'aplomb sur le 1er rg de côtes. Cont. ainsi tout autour de l'ouvrage afin d'emprisonner l'élastique.

Fermez l'entrejambe.

Cousez les pattes à la base des jambes, en vous aidant de la photographie de la page 81. Cousez un bouton de 11 mm de diamètre sur chaque patte. Cousez le bouton de 19 mm de diamètre sur le devant du pantalon, au centre des côtes.

Mettez le pantalon légèrement en forme si vous le voulez.

gilet « grand-papa »

Les nouveau-nés ressemblent souvent davantage à des vieillards qu'à des bébés. Mon grand-père avait coutume de porter un gilet de ce genre. Je l'ai créé en pensant à la frimousse particulièrement ridée de Mark, le fil de mon cousin Chris.

TAILLES

0/3 [3/6-6/12] mois (photographies : 3/6 mois)

FOURNITURES

100 [150-150] g de fil 57 % laine de mérinos, 33 % microfibres, 10 % cachemire, pour aiguilles n° 4, marron
2 boutons de 20 mm de diamètre
1 paire d'aiguilles n° 4
2 arrêts de mailles
4 marqueurs
1 aiguille à tapisserie
Aiguille et fil à coudre

ÉCHANTILLON

Un carré de 10 cm de côté en jersey, avec les aiguilles n° 4 = 22 mailles et 30 rangs

Réalisation

ENCOLURE

Montez 28 m. Trav. au point mousse comme suit.

1er rg (env.). 3 m., placez 1 mqr, 4 m., placez 1 mqr, 14 m., placez 1 mqr, 4 m., placez 1 mqr, 3 m.
2e rg. *Tric. jusqu'à 1 m. avant le mqr, 1 augm. inter., 1 m., déplacez le mqr ici, 1 m., 1 augm. inter.*, rép. 3 fois de * à *, term. le rg = 36 m.
3e rg. Tric. droit.
4e rg. Comme le 2e rg = 44 m.
5e rg. Tric. droit.
6e rg. Comme le 2e rg = 52 m.

PARTIE SUPÉRIEURE

Trav. en jersey end., avec une bordure au point mousse à chaque extrémité, somme suit.

7e rg. 5 m. end., tric. à l'env. jusqu'à 5 m. avant la fin du rg, 5 m. end.
8e rg. *Tric. à l'end. jusqu'à 1 m. après le 1er mqr, 1 augm. inter. à l'end., *tric. à l'end. jusqu'à 1 m. avant le mqr suiv., 1 augm. inter. à l'end., 1 m. end., déplacez le mqr ici, 1 m. end., 1 augm. inter. à l'end.*, rép. 1 fois de * à *, tric. à l'end. jusqu'à 1 m. avant le 4e mqr, 1 augm. inter. à l'end., term. le rg à l'end. = 58 m.
9e rg. Comme le 7e rg.
10e rg. *Tric. à l'end. jusqu'à 1 m. avant le mqr, 1 augm. inter. à l'end., 1 m. end., déplacez le mqr ici, 1 m. end., 1 augm. inter. à l'end.*, rép. 3 fois de * à *, term. le rg à l'end. = 66 m.
Rép. encore 6 fois du 7e au 10e rg, puis rép. 1 fois les 7e et 8e rgs = 156 m.

PARTIE INFÉRIEURE

Rép. encore 0 [1-1] fois les 9e et 10e rgs, rép. 0 [1-1] fois les 7e et 8e rgs, rép. 0 [0-1] les 9e et 10e rgs, puis rép. 0 [0-1] fois les 7e et 8e rgs = 156 [170-184] m.

37e [41e-45e] rg. 5 m. end., tric. à l'env. jusqu'au 1er mqr, *gl. 40 [44-48] m. sur 1 arrêt de m. (manche), montez 4 m. en utilisant la technique du montage enchaîné (voir page 13)*, tric. à l'env. jusqu'au 3e mqr, rép. 1 fois de * à *, tric. à l'env. jusqu'à 5 m. avant la fin du rg, 5 m. end. = 84 [90-96] m.
◆***38e [42e-46e] rg.*** Tric. à l'end.
39e [43e-47e] rg. 5 m. end., 1 augm. inter. à l'env., tric. à l'env. jusqu'à 5 m. avant la fin du rg, 1 augm. inter. à l'env., 5 m. end. = 86 [92-98] m.▼
40e [44e-48e] rg. Tric. à l'end.
41e [45e-49e] rg. 5 m. end., tric. à l'env. jusqu'à 5 m. avant la fin du rg, 5 m. end.◆
Rép. 6 fois de ◆ à ◆, puis 1 fois de ◆ à ▼ = 100 [106-112] m. Vous obtenez 25,5 [27-28] cm de haut. tot.

Tric. 3 rgs droit en jersey end., avec les bordures au point mousse.

Sur le rg suiv., réalisez 1 boutonnière de la façon suiv. : tric. jusqu'à 4 m. avant la fin du rg, 2 m. ens. à l'end., 1 jeté, 2 m. end.

Tric. 6 [7-8] rgs droit en jersey end., avec les bordures au point mousse.

Sur le rg suiv., réalisez 1 boutonnière en trav. comme précédemment.

Tric. 3 rgs droit en jersey end., avec les bordures au point mousse. Vous obtenez 29,5 [31-32,5] cm de haut. tot.

Tric. 9 rgs au point mousse.

Rab. toutes les m.

MANCHES

Reprenez sur 1 aig. les m. de l'une des manches, sur l'env. Trav. en jersey end. comme suit.

Rab. 2 m. au début des 2 rgs suiv. = 36 [40-44] m.

▲Tric. 9 [10-11] rgs droit.
Dim. 1 m. à chaque extrémité du rg suiv.▲
= 34 [38-42] m.

Rép. 3 fois de ▲ à ▲ = 28 [32-36] m.

Tric. droit jusqu'à obtenir 14 [15-17] cm de haut. tot.

Tric. 9 rgs au point mousse.

Rab. toutes les m.

Réalisez la 2e manche de la même manière.

Finitions

Rentrez les fils.

Fermez les manches.

Cousez les boutons en vis-à-vis des boutonnières.

Mettez le gilet légèrement en forme si vous le voulez.

débardeur Ike

Notre jeune ami Ike a six mois de plus que notre fille. Ce petit garçon montre son affection en pressant son front contre le vôtre – Maile a été immédiatement conquise. Cerise sur le gâteau, il lui a appris à marcher à quatre pattes. Elle s'y était déjà essayée quelques fois, mais rien ne vaut un moniteur professionnel ! Créé en pensant à Ike, ce débardeur confortable et un tantinet dandy.

TAILLES

0/3 [3/6-6/12] mois (photographies : 6/12 mois)

FOURNITURES

Fil en coton mercerisé, pour aiguilles n° 4 :
100 g blanc, 50 [100-100] g jaune
1 aiguille circulaire n° 4 de 40 cm de longueur
5 aiguilles à 2 pointes n° 4
1 arrêt de mailles
1 marqueur
1 aiguille à tapisserie

ÉCHANTILLON

Un carré de 10 cm de côté en jersey,
avec des aiguilles n° 4 = 23 mailles et 34 rangs

Réalisation

PARTIE INFÉRIEURE COMMUNE DOS/DEVANT

Avec l'aig. circulaire et le fil blanc, montez 102 [108-114] m. Placez le marqueur pour repérer la fin du tour.

Tric. 3 cm en côtes 1/1 en rép. le tour suiv.: *1 m. end., 1 m. env.*, rép. de * à * jusqu'à la fin du tour.

Cont. à l'end., en alternant 2 tours avec le fil jaune et 2 tours avec le fil blanc, sans couper les fils aux changements de couleur.

À 12 [15-18] cm de haut. tot., après avoir tric. 1 rayure complète, tric. 1 tour de la façon suiv.: *45 [48-51] m., rab. 6 m.*, rép. 1 fois de * à * = 90 [96-102] m. Placez le 2e groupe de 45 [48-51] m. en attente sur l'arrêt de m. pour le devant = 45 [48-51] m.

EMMANCHURES DOS

Cont. en rgs allers-retours, en maintenant le rythme des rayures.

◆Tric. 1 rg (end.) de la façon suiv.: 1 m. end., 2 m. gl. tric. ens. à l'end., tric. à l'end. jusqu'à 3 m. avant la fin du rg, 2 m. ens. à l'end., 1 m. end. = 43 [46-49] m.
Tric. 1 rg à l'env.◆
Rép. encore 4 fois de ◆ à ◆ = 35 [38-41] m.

Tric. droit jusqu'à obtenir 26 [30-34] cm de haut. tot., en term. par 1 rg env.

ÉPAULE GAUCHE

Tric. 1 rg de la façon suiv.: 10 m. end., rab. 15 [18-21] m., 10 m. end. Cont. sur les 10 dern. m.

Rab. 5 m. au début du rg suiv., term. le rg à l'env. = 5 m.

Tric. 1 rg à l'end.

Rab. toutes les m.

ÉPAULE DROITE

Trav. comme pour l'épaule gauche, en inversant la forme en miroir.

DEVANT CÔTÉ GAUCHE

Reprenez sur l'aig. les m. en attente du devant, sur l'end. Trav. en rgs allers-retours, en jersey end., en maintenant le rythme des rayures.

Tric. 1 rg de la façon suiv.: 1 m. end., 2 m. gl. tric. ens. à l'end., 17 [18-19] m., remettez les m. suiv. sur l'arrêt de m. = 19 [20-21] m.

▼●Tric. 1 rg de la façon suiv.: 1 m. env., 2 m. ens. à l'env., term. le rg à l'env.● = 18 [19-20] m.
▲Tric. 1 rg de la façon suiv.: 1 m. end., 2 m. gl. tric. ens. à l'end., term. le rg à l'end.▲ = 17 [18-19] m.
Tric. 1 rg droit à l'env.
Rép. 1 fois de ▲ à ▲ = 16 [17-18] m.
Rép. 1 fois de ● à ● = 15 [16-17] m.
Rép. 0 [1-1] fois de ▲ à ▲ = 15 [15-16] m.

Tric. 0 [1-1] rg à l'env.
■Tric. 3 [4-5] rgs rgs droit.
Sur le rg suiv., dim. 1 m. côté encol.■ = 14 [14-15] m.
Rép. 4 [4-5] fois de ■ à ■ = 10 m.

Tric. droit jusqu'à obtenir 26 [30-34] cm de haut. tot., en term. par 1 rg env.

Rab. 5 m. au début du rg suiv., term. le rg à l'end. = 5 m.

Tric. 1 rg à l'env.

Rab. toutes les m.

DEVANT CÔTÉ DROIT

Reprenez sur l'aig. les m. en attente. Trav. en rgs allers-retours, en jersey end., en maintenant le rythme des rayures.

Rab. 5 [6-7] m., tric. à l'end. jusqu'à 3 m. avant la fin du rg, 2 m. ens. à l'end., 1 m. end. = 19 [20-21] m.

Trav. comme pour l'encol. devant gauche, à partir de ▼, en inversant la forme en miroir.

Finitions

Rentrez les fils.

Assemblez la partie supérieure du dos et du devant par les épaules.

BANDE D'ENCOLURE

Avec l'aig. circulaire et le fil blanc, sur l'end., relev. en les tric. à l'end., 46 [50-54] m. le long de l'encol. devant gauche, 24 [28-30] m. le long de l'encol. dos et 46 [50-54] m. le long de l'encol devant droit *(ne relev. pas de m. sur les 5 [6-7] m. rab. à la base de l'encol. devant droit)* = 116 [128-138] m.

Tric. 4 [6-6] rgs en côtes 1/1, en rép. le rg suiv.: *1 m. env., 1 m. end.*, rép. de * à * jusqu'à la fin du rg.

Rab. toutes les m. en les tric. comme elles se présentent.

Assemblez les extrémités de la bande à la base de l'encol. devant, sur les 5 [6-7] m. rab. Rentrez les fils.

BANDES D'EMMANCHURES

Avec les aig. à 2 pointes et le fil blanc, sur l'end., relev. en les tric. à l'end., 52 [56-60] m. autour de l'une des emmanch. Fermez-les m. en rond et placez le marqueur pour repérer la fin du tour.

Tric. 2 [2-3] tours en côtes 1/1, en rép. le tour suiv.: *1 m. env., 1 m. end.*, rép. de * à * jusqu'à la fin du tour.

Rab. toutes les m. en les tric. comme elles se présentent. Rentrez les fils.

Bordez l'autre emmanch. de la même manière.

Mettez le débardeur légèrement en forme.

cardigan feuilles d'automne

J'ai créé ce modèle à l'intention du nouveau-né de mon amie Rebecca. Le fil choisi est délicieusement féminin, mais sans exagération. Pour décliner les trois tailles, j'ai joué sur la grosseur du fil et des aiguilles.

TAILLES

0/3 [3/6-6/12] mois (photographies : 3/6 mois)

FOURNITURES

100 g de fil en laine de mérinos, ocre rouge chiné, pour aiguilles n° 4 [$4\frac{1}{2}$, $5\frac{1}{2}$]
3 boutons de 15 [18-20] mm de diamètre
1 aiguille circulaire n° 4 [$4\frac{1}{2}$, $5\frac{1}{2}$] de 30 cm de longueur
2 arrêts de mailles
2 marqueurs
1 aiguille à tapisserie
Aiguille et fil à coudre

ÉCHANTILLONS

Un carré de 10 cm de côté en jersey, avec des aiguilles n° 4 [$4\frac{1}{2}$, $5\frac{1}{2}$] = 22 [20-18] mailles et 30 [27-25] rangs

Point de riz

Tous les rgs. *1 m. end., 1 m. env.*, rép. de * à * jusqu'à la 1 m. avant la fin du rg, 1 m. end.

Réalisation

PARTIE SUPÉRIEURE

Montez 55 m. Tric. 2 rgs au point de riz. Sur le rg suiv., réalisez 1 boutonnière comme suit: 1 m. end., 1 m. env., 1 jeté, 2 m. ens. à l'env., term. le rg au point de riz. Tric. 3 rgs au point de riz.

Cont. au point de feuilles d'automne comme suit.
1er rg (env.). 1 m. end., 1 m. env., 1 m. end., 4 m. env., *1 m. end., 3 m. env.*, rép. de * à * jusqu'à 4 m. avant la fin du rg, 1 m. env., 1 m. end., 1 m. env., 1 m. end.
2e rg. 1 m. end., 1 m. env., 1 m. end., 1 m. env., *1 m. end., °1 jeté, 1 m. end.°, rép. 1 fois de ° à °, 1 m. env.*, rép. de * à * jusqu'à 3 m. avant la fin du rg, 1 m. end., 1 m. env., 1 m. end. = 79 m.
3e rg. 1 m. end., 1 m. env., 1 m. end., 6 m. env., *1 m. end., 5 m. env.*, rép. de * à * jusqu'à 4 m. avant la fin du rg, 1 m. env., 1 m. end., 1 m. env., 1 m. end.
4e rg. 1 m. end., 1 m. env., 1 m. end., 1 m. env., *2 m. end., 1 jeté, 1 m. end., 1 jeté, 2 m. end., 1 m. env.*, rép. de * à * jusqu'à 3 m. avant la fin du rg, 1 m. end., 1 m. env., 1 m. end. = 103 m.
5e rg. 1 m. end., 1 m. env., 1 m. end., 8 m. env., *1 m. end., 7 m. env.*, rép. de * à * jusqu'à 4 m. avant la fin du rg, 1 m. env., 1 m. end., 1 m. env., 1 m. end.
6e rg. 1 m. end., 1 m. env., 1 m. end., 1 m. env., *7 m. end., 1 m. env.*, rép. de * à * jusqu'à 3 m. avant la fin du rg, 1 m. end., 1 m. env., 1 m. end.
7e rg. Comme le 5e rg.
8e rg. 1 m. end., 1 m. env., 1 m. end., 1 m. env., *3 m. end., 1 jeté, 1 m. end., 1 jeté, 3 m. end., 1 m. env.*, rép. de * à * jusqu'à 3 m. avant la fin du rg, 1 m. end., 1 m. env., 1 m. end. = 127 m.
9e rg. 1 m. end., 1 m. env., 1 m. end., 10 m. env., *1 m. end., 9 m. env.*, rép. de * à * jusqu'à 4 m. avant la fin du rg, 1 m. env., 1 m. end., 1 m. env., 1 m. end.
10e rg. 1 m. end., 1 m. env., 1 m. end., 1 m. env., *9 m. end., 1 m. env.*, rép. de * à * jusqu'à 13 m. avant la fin du rg, 9 m. end., 2 m. ens. à l'env., 1 jeté (= 1 boutonnière), 1 m. env., 1 m. end.
11e rg. Comme le 9e rg.
12e rg. 1 m. end., 1 m. env., 1 m. end., 1 m. env., *4 m. end., 1 jeté, 1 m. end., 1 jeté, 4 m. end., 1 m. env.*, rép. de * à * jusqu'à 3 m. avant la fin du rg, 1 m. end., 1 m. env., 1 m. end. = 151 m.
13e rg. 1 m. end., 1 m. env., 1 m. end., 12 m. env., *1 m. end., 11 m. env.*, rép. de * à * jusqu'à 4 m. avant la fin du rg, 1 m. env., 1 m. end., 1 m. env., 1 m. end.
14e rg. 1 m. end., 1 m. env., 1 m. end., 1 m. env., *11 m. end., 1 m. env.*, rép. de * à * jusqu'à 3 m. avant la fin du rg, 1 m. end., 1 m. env., 1 m. end.
15e rg. Comme le 13e rg.
16e rg. 1 m. end., 1 m. env., 1 m. end., *1 m. env., 1 jeté, 1 srjt sple, 7 m. end., 2 m. ens. à l'end., 1 jeté*, rép. de * à * jusqu'à 4 m. avant la fin du rg, 1 m. env., 1 m. end., 1 m. env., 1 m. end.
17e rg. 1 m. end., 1 m. env., 1 m. end., 1 m. env., 1 m. end., *9 m. env., 3 m. end.*, rép. de * à * jusqu'à 14 m. avant la fin du rg, 9 m. env., 1 m. end., 1 m. env., 1 m. end., 1 m. env., 1 m. end.
18e rg. 1 m. end., 1 m. env., 1 m. end., 2 m. env., 1 jeté, 1 srjt sple, 5 m. end., 2 m. ens. à l'end., *1 jeté, 3 m. env., 1 jeté, 1 srjt sple, 5 m. end., 2 m. ens. à l'end.*, rép. de * à * jusqu'à 5 m. avant la fin du rg, 1 jeté, 2 m. env., 1 m. end., 1 m. env., 1 m. end.
19e rg. 1 m. end., 1 m. env., 1 m. end., 1 m. env., 2 m. end., 7 m. env., *2 m. end., 1 m. env., 2 m. end., 7 m. env.*, rép. de * à * jusqu'à 6 m. avant la fin du rg, 2 m. end., 1 m. env., 1 m. end., 1 m. env., 1 m. end.
20e rg. 1 m. end., 1 m. env., 1 m. end., 3 m. env., 1 jeté, 1 srjt sple, 3 m. end., 2 m. ens. à l'end., *1 jeté, 2 m. env., 1 m. end., 2 m. env., 1 jeté, 1 srjt sple, 3 m. end., 2 m. ens. à l'end.*, rép. de * à * jusqu'à 6 m. avant la fin du rg, 1 jeté, 3 m. env., 1 m. end., 1 m. env., 1 m. end.
21e rg. 1 m. end., 1 m. env., 1 m. end., 2 m. env., 2 m. end., 5 m. env., *2 m. end., 3 m. env., 2 m. end., 5 m. env.*, rép. de * à * jusqu'à 7 m. avant la fin du rg, 2 m. end., 2 m. env., 1 m. end., 1 m. env., 1 m. end.
22e rg. 1 m. end., 1 m. env., 1 m. end., 1 m. env., 1 m. end., 2 m. env., 1 jeté, 1 srjt sple, 1 m. end., 2 m. ens. à l'end., *1 jeté, 2 m. env., 3 m. end., 2 m. env., 1 jeté, 1 srjt sple, 1 m. end., 2 m. ens. à l'end.*, rép. de * à * jusqu'à 7 m. avant la fin du rg, 1 jeté, 2 m. env., 1 m. end., 1 m. env., 1 m. end., 1 m. env., 1 m. end.

23e rg. 1 m. end., 1 m. env., 1 jeté, 2 m. ens. à l'env. (= 1 boutonnière), 2 m. env., 2 m. end., 3 m. env., *2 m. end., 5 m. env., 2 m. end., 3 m. env.*, rép. de * à * jusqu'à 8 m. avant la fin du rg, 2 m. end., 3 m. env., 1 m. end., 1 m. env., 1 m. end.
24e rg. 1 m. end., 1 m. env., 1 m. end., 1 m. env., 2 m. end., 2 m. env., 1 jeté, 1 srjt dble, *1 jeté, 2 m. env., 5 m. end., 2 m. env., 1 jeté, 1 srjt dble*, rép. de * à * jusqu'à 8 m. avant la fin du rg, 1 jeté, 2 m. env., 2 m. end., 1 m. env., 1 m. end., 1 m. env., 1 m. end.
25e rg. 1 m. end., 1 m. env., 1 m. end., 4 m. env., 2 m. end., 1 m. env., *2 m. end., 7 m. env., 2 m. end., 1 m. env.*, rép. de * à * jusqu'à 9 m. avant la fin du rg, 2 m. end., 4 m. env., 1 m. end., 1 m. env., 1 m. end.
26e rg. 1 m. end., 1 m. env., 1 m. end., 1 m. env., tric. à l'end. jusqu'à 4 m. avant la fin du rg, 1 m. env., 1 m. end., 1 m. env., 1 m. end. Vous obtenez 10,5 [12-13] cm de haut. tot.

PARTIE INFÉRIEURE

27e rg. 1 m. end., 1 m. env., 1 m. end., 15 m. env., *gl. 36 m. sur 1 arrêt de m., montez 8 m. en utilisant la technique du montage enchaîné (vor page 13)*, 43 m. env., rép. 1 fois de * à *, 15 m. env., 1 m. end., 1 m. env., 1 m. end. = 95 m.
28e rg. 1 m. end., 1 m. env., 1 m. end., 1 m. env., 18 m. end., placez 1 mqr, 51 m. end., placez 1 mqr, 18 m. end., 1 m. env., 1 m. end., 1 m. env., 1 m. end.

◆Tric. 5 rgs droit en jersey end., avec les bordures au point de riz.
Tric. 1 rg de la façon suiv. : 4 m. au point de riz, *tric. à l'end. jusqu'au mqr, 1 augm. inter. à l'end., déplacez le mqr ici, 1 m. end., 1 augm. inter. à l'end.*, rép. 1 fois de * à *, tric. à l'end. jusqu'à 4 m. avant la fin du rg, 4 m. au point de riz◆ = 99 m.

Rép. encore 5 fois de ◆ à ◆= 119 m.

Tric. 6 rgs au point de riz. Vous obtenez 30,5 [34,5-37,5] cm de haut. tot. Rab. toutes les m.

MANCHES

Reprenez sur l'aig. les m. de l'une des manches, sur l'end.

En trav. en jersey end., rab. 4 m. au début des 2 rgs suiv. = 28 m.

Tric. 4 rgs au point de riz. Rab. toutes les m.

Réalisez la 2e manche de la même manière.

Finitions

Rentrez les fils.

Fermez les manches.

Cousez les boutons en vis-à-vis des boutonnières.

Mettez le cardigan légèrement en forme si vous le voulez.

robe Emily

Quand j'étais enfant, j'adorais ce que j'appelais « les robes toupies », c'est-à-dire celles qui ondulaient autour de mes jambes quand je virevoltais. J'ai conçu ce modèle pour Emily, la fille de mon amie Nicole. Cette fillette si douce méritait une belle robe d'une charmante simplicité.

TAILLES

0/3 [3/6-6/12] mois
(photographies : 6/12 mois)

FOURNITURES

150 g de fil 57 % laine de mérinos, 33 % microfibres et 10 % cachemire, pour aiguilles n° 4, bleu
1 aiguille circulaire n° 4 de 40 cm de longueur
1 marqueur
4 épingles de nourrice
1 aiguille à tapisserie

ÉCHANTILLON

Un carré de 10 cm de côté en jersey, avec des aiguilles n° 4 = 22 mailles et 30 rangs

Technique spéciale

1 m. enroul. Gl. la m. sur l'aig. droite, placez le fil devant et remettez la m. sur l'aig. gauche.

Réalisation

Montez 192 [208-224] m. Fermez-les en rond.
Placez le marqueur pour repérer la fin du tour.
1er tour. Tric. à l'env.
2e tour. Tric. à l'end.
3e tour (festons). *2 m. env., 1 augm. inter. à l'end., 5 m. end., 1 srjt dble, 5 m. end., 1 augm. inter. à l'end., 1 m. env.*, rép. de * à * jusqu'à la fin du tour.

4e tour. 2 m. env., *13 m. end., 3 m. env.*, rép. de * à * jusqu'à 14 m. avant la du tour, 13 m. end., 1 m. env.

Rép. encore 3 [4-5] fois les 3e et 4e tours.
Rép. le 4e tour jusqu'à obtenir 18 [22-26] cm de haut. tot.

Tric. 1 tour de la façon suiv. : *2 m. ens. à l'env.*, rép. de * à * jusqu'à la fin du tour = 96 [104-112] m.

TAILLE 0/3 MOIS ET 3/6 MOIS UNIQUEMENT
Tric. 1 tour de la façon suiv. : 21 [23] m. end., *2 m. gl. tric. ens. à l'end., 2 m. end., 2 m. ens. à l'end.*, 42 [46] m. end., rép. 1 fois de * à *, 21 [23] m. end. = 92 [100] m.

TAILLE 6/12 MOIS UNIQUEMENT
Tric. 1 tour de la façon suiv. : 24 m. end., *1 srjt dble, 2 m. end., 1 srjt dble*, 48 m. end., rép. 1 fois de * à *, 24 m. end. = 104 m.

TOUTES LES TAILLES
Tric. 1 tour à l'env., 1 tour à l'end. et 1 tour à l'env.
Tric. à l'end. sur 1 cm de haut.
Tric. 1 tour de la façon suiv. : tric. à l'end. jusqu'à 10 m. avant la fin du tour, rab. 20 m. (partie centrale du dos) = 72 [80-84] m.

EMPIÈCEMENT EN RANGS RACCOURCIS
Cont. en rgs allers-retours. Tric. 1 rg de la façon suiv. : tric. à l'end. jusqu'à 1 m. avant la fin, 1 m. enroul. Tournez.
Tric. 1 rg de la façon suiv. : tric. à l'env. jusqu'à 1 m. avant la fin, 1 m. enroul. Tournez.

◆Tric. 1 rg de la façon suiv. : tric. à l'end. jusqu'à 1 m. avant la m. enroul., 1 m. enroul. Tournez.
Tric. 1 rg de la façon suiv. : tric. à l'env. jusqu'à 1 m. avant la m. enroul., 1 m. enroul. Tournez.◆
Rép. encore 4 [6-8] fois fois de ◆ à ◆ = 6 [8-10] m. enroul. de chaque côté.

Tric. 1 rg de la façon suiv. : tric. à l'end. jusqu'à la 1re m. enroul., *tric. ens. à l'end. la m. enroul. et le brin qui l'enroule*, rép. de * à * jusqu'à la fin du rg. Tournez.

Tric. 1 rg de la façon suiv. : gl. 1 m., tric. à l'env. jusqu'à la 1re m. enroul., *tric. ens. à l'env. la m. enroul. et le brin qui l'enroule*, rép. de * à * jusqu'à la fin du rg. L'empiècement mesure 6,25 [7,5-9] cm de haut.

Rab. toutes les m.

Finitions

En comm. au centre du dos, sur l'end., relev. en les tric. à l'end. 92 [100-104] m. le long du bord supérieur de la robe. Fermez les m. en rond.

Tric. 1 tour à l'env., 1 tour à l'end. et 1 tour à l'env.

Tric. 1 tour de la façon suiv. :
rab. 13 [15-16] m., 3 m. end.,
rab. 14 m., 3 m. end., rab. 26 [30-32] m.,
3 m. end., rab. 14 m., 3 m. end.,
rab. 13 [15-16] m. = 12 m.

Gl. chacun des 4 groupes de 3 m. sur 1 épingle de nourrice. Reprenez sur l'aig. les 3 m. du devant gauche.
1er rg. 1 m. env., 1 m. end., 1 m. env.
2e rg 1 m. end., 1 m. env., 1 m. end.
Rép. ces 2 rgs jusqu'à obtenir 18 [19-20] cm de haut. Assemblez en grafting (voir page 17) ces 3 m. avec les 3 m. en attente du dos droit.

Réalisez la 2e bretelle de la même manière, avec les 3 m. du devant gauche, en la croisant sur la 1re.

Rentrez les fils.

Mettez la robe légèrement en forme.

le troisième trimestre

L'impatience présidant cette époque de la grossesse, on a envie de modèles rapides à tricoter. Tous ceux de ce chapitre sont simples, avec juste quelques touches de difficulté pour vous distraire l'esprit. Les chaussons intemporels, le bonnet Maddox, les coussins hibou et singe… Ces ouvrages vous aideront à calmer votre anxiété en occupant vos mains.

bonnet mésange

Ma fille Maile adore la berceuse de Pete Seeger : « Petit oiseau, Petit oiseau, vole à travers ma fenêtre ». Nous la chantons souvent ensemble, en variant le nom de l'oiseau (Petite alouette, Petit dodo, etc.). Notre variante préférée est la mésange. Ce bonnet étant prévu pour être bien ajusté, il est normal que sa circonférence soit inférieure aux tours de tête indiqués page 10.

TAILLES

0/6 [6/12] mois - Circonférence = 36 [40] cm
(photographies : 6/12 mois)

FOURNITURES

Fil 55 % laine de mérinos, 33 % microfibres et 12 % cachemire, pour aiguilles n° 3 : 50 g blanc, 50 g jaune
2 boutons noirs de 8 mm de diamètre
5 aiguilles à 2 pointes n° 3
1 aiguille circulaire n° 3 de 30 cm de longueur
1 aiguille à tapisserie - Aiguille et fil à coudre
3 x 4 cm de carton

ÉCHANTILLON

Un carré de 10 cm de côté en jersey, avec des aiguilles n° 3 = 28 mailles et 30 rangs

Réalisation

OREILLETTES (X 2)

Avec les aig. à 2 pointes et le fil blanc, montez 3 m. Tric. 1 cordelière de 22 cm de longueur (voir page 14).

Cont. en rgs allers-retours et en jersey end. comme suit.
1er rg (end.). 1 m. end., 1 augm. inter. à l'end., 1 m. end., 1 augm. inter. à l'end., 1 m. end. = 5 m.
2e rg. Tric. à l'end.
3e rg. 1 m. end., 1 augm. inter. à l'end., tric. à l'end. jusqu'à 1 m. avant la fin du rg, 1 augm. inter. à l'end., 1 m. end. = 7 m.
4e au 7e rg. Rép. 2 fois les 2e et 3e rgs = 11 m.
8e rg. 4 m. end., tric. à l'env. jusqu'à 4 m. avant la fin du rg, 4 m. end.

Rép. encore 5 [6] fois les 7e et 8e rgs = 21 [23] m.

Coupez le fil. Laissez les m. sur 1 aig.

BEC

Avec les aig. à 2 pointes et le fil jaune, montez 3 m.

1er rg (env.). Tric. à l'end.
2e rg. 1 m. end., 1 augm. inter. à l'end., tric. à l'end. jusqu'à 1 m. avant la fin du rg, 1 augm. inter. à l'end., 1 m. end. = 5 m.
3e au 8e rg. Rép. 3 fois les 1er et 2e rgs = 11 m
9e rg. 4 m. end., tric. à l'env. jusqu'à 4 m. avant la fin du rg, 4 m. end.
10e rg. Comme le 2e rg = 13 m.

Rép. encore 2 fois les 9e et 10e rgs, puis rép. 1 fois le 9e rg = 17 m.

Coupez le fil. Laissez les m. sur 1 aig.

COIFFE

Avec l'aig. circulaire et le fil blanc, tric. à l'end. les m. de la 1re oreillette, montez 25 [29] m. en utilisant la technique sur 2 aig. (voir page 13), tric. à l'end. les m. de la 2e oreillette, montez 8 [10] m. comme précédemment, tric. à l'end. les m. du bec, montez 8 [10] m. comme précédemment = 100 [112] m. Fermez les m. en rond (les m. montées sur 2 aig. ayant tendance à s'entortiller, assurez-vous que toutes les m. sont bien alignées avant de fermer le tour).

1er tour. 3 m. env., 15 [17] m. end., 31 [35] m. env., 15 [17] m. end., 14 [16] m. env., 11 m. end., 11 [13] m. env.
2e tour. Tric. à l'end.
3e tour. 2 m. env., 17 [19] m. end., 29 [33] m. env., 17 [19] m. end., 12 [14] m. env., 13 m. end., 10 [12] m. env.
4e tour. Tric. à l'end.
5e tour. 1 m. env., 19 [21] m. end., 27 [31] m. env., 19 [21] m. end., 10 [12] m. env., 15 m. end., 9 [11] m. env.
6e tour. Tric. à l'end.

Cont. en trav. à l'end. Tric. droit jusqu'à obtenir 10 cm de haut. depuis le début de la coiffe.

SOMMET DE LA COIFFE

1er tour. *8 [12] m., 2 m. ens.*, rép. de * à * jusqu'à la fin du tour = 90 [104] m.
2e tour. Tric. droit.
3e tour. *7 [11] m., 2 m. ens.*, rép. de * à * jusqu'à la fin du tour = 80 [96] m.
4e tour. Tric. droit.
5e tour. *6 [10] m., 2 m. ens.*, rép. de * à * jusqu'à la fin du tour = 70 [88] m.
6e tour. Tric. droit.
7e tour. *5 [9] m., 2 m. ens.*, rép. de * à * jusqu'à la fin du tour = 60 [80] m.

8e tour. Tric. droit.

9e tour. *4 [8] m., 2 m. ens.*, rép. de * à * jusqu'à la fin du tour = 50 [72] m.

10e tour. Tric. droit.

11e tour. *3 [7] m., 2 m. ens.*, rép. de * à * jusqu'à la fin du tour = 40 [64] m.

12e tour. Tric. droit.

13e tour. *2 [6] m., 2 m. ens.*, rép. de * à * jusqu'à la fin du tour = 30 [56] m.

TAILLE 6/12 MOIS UNIQUEMENT

14e tour. Tric. droit.

15e tour. *5 m., 2 m. ens.*, rép. de * à * jusqu'à la fin du tour = 48 m.

16e tour. Tric. droit.

17e tour. *4 m., 2 m. ens.*, rép. de * à * jusqu'à la fin du tour = 40 m.

18e tour. *3 m., 2 m. ens.*, rép. de * à * jusqu'à la fin du tour = 32 m.

19e tour. *2 m., 2 m. ens.*, rép. de * à * jusqu'à la fin du tour = 24 m.

TOUTES LES TAILLES

14e [20e] tour. *1 m., 2 m. ens.*, rép. de * à * jusqu'à la fin du tour = 20 [16] m.

15e [21e] tour. *2 m. ens.*, rép. de * à * jusqu'à la fin du tour = 10 [8] m.

Coupez le fil, en laissant une longue extrémité. Passez-la dans les m. restantes, tirez-la fermement pour fermer le sommet du bonnet, puis arrêtez-la.

Finitions

Rentrez les fils, en fermant les éventuels jours générés au début de la coiffe.

En vous aidant de la photographie ci-dessus, cousez les boutons pour figurer les yeux.

Pour réaliser le pompon, enroulez autour du carton de 3 x 4 cm les fils blanc et jaune mis ensemble (plus vous les enroulez, plus le pompon sera dodu). Coupez les fils. Avec l'aiguille à tapisserie, passez un fil blanc entre les deux nappes de fil au sommet du carton. Nouez ensemble ses extrémités, très solidement, puis coupez-le en laissant une longue extrémité. Coupez les fils à la base du carton. Retirez ce dernier. Égalisez les brins de manière à former un pompon bien rond. Cousez-le au sommet du bonnet, en utilisant l'extrémité de fil blanc.

chaussons intemporels

Ces chaussons précieux sont conçus pour envelopper de douceur les pieds délicats des bébés. Leur simplicité traditionnelle réchauffe aussi le cœur des grandes personnes.

TAILLE

0/3 mois

FOURNITURES

50 g de fil 55 % laine de mérinos, 33 % microfibres et 12 % cachemire, pour aiguilles n° 3, jaune clair

2 boutons de 8 mm de diamètre

5 aiguilles à 2 pointes n° 3

1 marqueur

1 aiguille à tapisserie

Aiguille et fil à coudre

ÉCHANTILLON

Un carré de 10 cm de côté en jersey, avec des aiguilles n° 3 = 26 mailles et 37 rangs

Réalisation

CHAUSSON DROIT

Montez 40 m., en laissant une longue extrémité de fil au début. Répartissez régulièrement les m. sur 3 aig. Fermez-les en rond.

1er tour. Tric. à l'env.
2e tour. 1 m. end., 1 augm. inter. à l'end., 18 m. end., 1 augm. inter. à l'end., 2 m. end., 1 augm. inter. à l'end., 18 m. end., 1 augm. inter. à l'end., 1 m. end. = 44 m.
3e tour. Tric. à l'env.
4e tour. 2 m. end., 1 augm. inter. à l'end., 18 m. end., 1 augm. inter. à l'end., 4 m. end., 1 augm. inter. à l'end., 18 m. end., 1 augm. inter. à l'end., 2 m. end. = 48 m.
5e tour. Tric. à l'env.
6e tour. 3 m. end., 1 augm. inter. à l'end., 18 m. end., 1 augm. inter. à l'end., 6 m. end., 1 augm. inter. à l'end., 18 m. end., 1 augm. inter. à l'end., 3 m. end. = 52 m.
7e tour. Tric. à l'env.
8e tour. 4 m. end., 1 augm. inter. à l'end., 18 m. end., 1 augm. inter. à l'end., 8 m. end., 1 augm. inter. à l'end., 18 m. end., 1 augm. inter. à l'end., 4 m. end. = 56 m.
9e tour. Tric. à l'env.
10e tour. Tric. à l'end.
11e tour. Tric. à l'env.
12e au 17e tour. Tric. à l'end.
18e tour. 20 m. end., *2 m. gl. tric. ens. à l'end.*, rép. 3 fois de * à *, °2 m. ens. à l'end.°, rép. 3 fois de ° à °, 20 m. end. = 48 m.
19e tour. 20 m. end., *1 jeté, 2 m. ens. à l'end*, rép. 3 fois de * à *, 20 m. end.
20e tour. Tric. à l'end.
21e tour. 18 m. end., *2 m. gl. tric. ens. à l'end.*, rép. 2 fois de * à *, °2 m. ens. à l'end.°, rép. 2 fois de ° à °, 18 m. end. = 42 m.
22e tour. 10 m. end., rab. 22 m., 10 m. end, = 20 m.

BRIDE DU CHAUSSON DROIT

Cont. en rgs allers-retours.
1er rg. 10 m. end. de façon à regrouper les 20 m. rest. sur une seule aig., montez 14 m. en utilisant la technique du montage enchaîné (voir page 13) = 34 m.
2e rg. Tric. à l'end.
3e rg. Tric. à l'end. jusqu'à 3 m. avant la fin du rg, 2 m. ens. à l'end., 1 jeté (= 1 boutonnière), 1 m. end.
4e rg. Tric. à l'end.
Rab. toutes les m. en les tric. à l'end.

CHAUSSON GAUCHE

Trav. comme pour le chausson gauche jusqu'à la fin du 22e tour.

BRIDE DU CHAUSSON GAUCHE

Cont. en rgs allers-retours.
1er rg. 10 m. end. de façon à regrouper les 20 m. rest. sur une seule aig.
2e rg. 20 m. env., montez 14 m. en utilisant la technique du montage enchaîné = 34 m.
3e rg. Tric. à l'env.
4e rg. Tric. à l'env. juqu'à 3 m. avant la fin du rg, 2 m. ens. à l'env., 1 jeté (= 1 boutonnière), 1 m. env.
5e rg. Tric. à l'env.
Rab. toutes les m. en les tric. à l'env.

Finitions

Rentrez les fils. Fermez la semelle de chaque chausson en utilisant le fil laissé au début. Cousez les boutons en vis-à-vis des boutonnières.

Immergez les chaussons dans de l'eau tiède, puis mettez-les en forme du bout des doigts. Vous pouvez les remplir d'ouate ou de boules de coton pour maintenir la forme pendant le séchage.

doudous

Très pratiques, ces doudous deviendront de plus en plus doux au fil des usages (et ils vont beaucoup servir !). Leurs points fantaisie vont vous distraire sans vous fatiguer durant les dernières semaines de la grossesse. J'ai choisi un trio de teintes neutres subtiles parce que je les trouve parfaites pour accueillir ma fille quand elle niche son visage dans ses doudous.

DIMENSIONS

Environ 21 × 40 cm

FOURNITURES

Fil en coton biologique, pour aiguilles n° 5 :
50 g mauve, 50 g vert-gris, 50 g bleu-gris
1 paire d'aiguilles n° 5
1 aiguille à tapisserie

ÉCHANTILLON

Un carré de 10 cm de côté en jersey,
avec les aiguilles n° 5 = 23 mailles et 28 rangs

4
5
7
8

Réalisation du doudou losanges

Avec le fil mauve, montez 49 m.

1er rg. 4 m. end., *1 m. env., 7 m. end.*, rép. de * à * jusqu'à 5 m. avant la fin du rg, 1 m. env., 4 m. end.

2e rg. 3 m. env., *1 m. end., 1 m. env., 1 m. end., 5 m. env.*, rép. de * à * jusqu'à 6 m. avant la fin du rg, 1 m. end., 1 m. env., 1 m. end., 3 m. env.

3e rg. 2 m. end., *1 m. env., 3 m. end.*, rép. de * à * jusqu'à 3 m. avant la fin du rg, 1 m. env., 2 m. end.

4e rg. 1 m. env., *1 m. end., 5 m. env., 1 m. end., 1 m. env.*, rép. de * à * jusqu'à la fin du rg.

5e rg. *1 m. env., 7 m. end.*, rép. de * à * jusqu'à 1 m. avant la fin du rg, 1 m. env.

6e rg. Comme le 4e rg.

7e rg. Comme le 3e rg.

8e rg. Comme le 2e rg.

Rép. ces 8 rgs jusqu'à obtenir environ 40 cm de haut. tot., en term. par un 1er ou un 5e rg.

Réalisation du doudou parallélogrammes

Avec le fil vert-gris, montez 50 m.

1er rg. *5 m. end., 5 m. env.*, rép. de * à * jusqu'à la fin du rg.

2e rg. 4 m. end., *5 m. env., 5 m. end.*, rép. de * à * jusqu'à 6 m. avant la fin du rg, 5 m. env., 1 m. end.

3e rg. 2 m. env., *5 m. end., 5 m. env.*, rép. de * à * jusqu'à 8 m. avant la fin du rg, 5 m. end., 3 m. env.

4e rg. 2 m. end., *5 m. env., 5 m. end.*, rép. de * à * jusqu'à 8 m. avant la fin du rg, 5 m. env., 3 m. end.

5e rg. 4 m. env., *5 m. end., 5 m. env.*, rép. de * à * jusqu'à 6 m. avant la fin du rg, 5 m. end., 1 m. env.

6e rg. *5 m. env., 5 m. end.*, rép. de * à * jusqu'à la fin du rg.

Rép. ces 6 rgs jusqu'à obtenir environ 40 cm de haut. tot., en term. par un 6e rg.

Réalisation du doudou chevrons

Avec le fil bleu-gris, montez 47 m.

1er rg. 4 m. end., *7 m. env., 1 m. end.*, rép. de * à * jusqu'à 3 m. avant la fin du rg, 3 m. end.

2e rg. 3 m. end., 1 m. env., *7 m. end., 1 m. env.*, rép. de * à * jusqu'à 3 m. avant la fin du rg, 3 m. end.

3e rg. 5 m. end., *5 m. env., 3 m. end.*, rép. de * à * jusqu'à 10 m. avant la fin du rg, 5 m. env., 5 m. end.

4e rg. 3 m. end., 2 m. env., *5 m. end., 3 m. env.*, rép. de * à * jusqu'à 10 m. avant la fin du rg, 5 m. end., 2 m. env., 3 m. end.

5e rg. 6 m. end., *3 m. env., 5 m. end.*, rép. de * à * jusqu'à 9 m. avant la fin du rg, 3 m. env., 6 m. end.

6e rg. 3 m. end., 3 m. env., *3 m. end., 5 m. env.*, rép. de * à * jusqu'à 9 m. avant la fin du rg, 3 m. end., 3 m. env., 3 m. end.

7e rg. 7 m. end., *1 m. env., 7 m. end.*, rép. de * à * jusqu'à 8 m. avant la fin du rg, 1 m. env., 7 m. end.

8e rg. 3 m. end., 4 m. env., *1 m. end., 7 m. env.*, rép. de * à * jusqu'à 8 m. avant la fin du rg, 1 m. end., 4 m. env., 3 m. end.

9e rg. Comme le 2e rg.

10e rg. Comme le 1er rg.

11e rg. Comme le 4e rg.

12e rg. Comme le 3e rg.

13e rg. Comme le 6e rg.

14e rg. Comme le 5e rg.

15e rg. Comme le 8e rg.

16e rg. Comme le 7e rg.

Rép. ces 16 rgs jusqu'à obtenir environ 40 cm de haut. tot., en term. par un 8e ou un 16e rg.

Finitions

Rentrez les fils. Mettez les doudous en forme.

bavoir

Dès qu'il y a un bébé dans la maison, nul besoin d'expliquer qu'il est indispensable d'avoir toujours à portée de main une bonne provision de bavoirs. Ce modèle classique est rapide à réaliser.

DIMENSIONS

13 x 15 cm (sans les pattes d'encolure)

FOURNITURES

Fil en coton biologique, pour aiguilles n° 4 :
50 g mauve, 50 g gris
1 paire d'aiguilles n° 4
1 aiguille circulaire n° 3 1/2 de 30 cm de longueur
2 aiguilles à 2 pointes n° 3 1/2 (facultatives)
1 aiguille à tapisserie

ÉCHANTILLON

Un carré de 10 cm de côté en jersey, avec les aiguilles n° 4 = 22,5 mailles et 31 rangs

Réalisation

PARTIE PRINCIPALE

Avec la paire d'aig. n° 4 et le fil mauve, montez 30 m. Trav. en jersey end. comme suit.

1er rg (env.). Tric. à l'env.
2e rg. 2 m. end., 1 augm. inter. à l'end., tric. à l'end. jusqu'à 2 m. avant la fin du rg, 1 augm. inter. à l'end., 2 m. end. = 32 m.

Rép. 4 fois les 1er et 2e rgs = 40 m.

Tric. droit jusqu'à obtenir 15 cm de haut. tot., en term. par 1 rg env.
Tric. 1 rg de la façon suiv.: 10 m. end., rab. 20 m., 10 m. end. = 20 m.

PATTE D'ENCOLURE DROITE

Laissez les 10 prem. m. sur l'aig. pour la patte d'encolure gauche. Trav. en jersey end. sur les 10 dern. m. comme suit.

1er rg (env.). Tric. à l'env. jusqu'à 3 m. avant la fin du rg, 2 m. torses ens. à l'env., 1 m. env. = 9 m.
2e rg. Tric. à l'end.
3e rg. Comme le 1er rg = 8 m.

Rép. 5 fois les 2e et 3e rgs, puis rép. 1 fois le 2e rg = 3 m.

Tric. 1 rg de la façon suiv.: 2 m. torses ens. à l'env., 1 m. env. = 2 m. Tric. les 2 m. ens. à l'end. Coupez le fil, passez-le dans la m. rest., puis arrêtez-le.

PATTE D'ENCOLURE GAUCHE

Sur les 10 m. rest., trav. comme pour la patte d'encolure droite, en inversant la forme en miroir.

Finitions

BORDURE EXTÉRIEURE

Avec l'aig. circulaire n° 3 1/2 et le fil gris, sur l'end., relev. en les tric. à l'end. 110 m. le long des côtés et de la base du bavoir.

◆Tric. 1 rg à l'end. Montez 3 m. en utilisant la technique sur 2 aig. (voir page 13) = 113 m.

Tric. de la façon suiv.: *2 m. end., 2 m. ens. à l'env., remettez les m. obtenues sur l'aig. gauche, passez le fil derrière elles et tirez-le*; rép. de * à * jusqu'à ce qu'il reste 3 m. Coupez le fil, en laissant une longue extrémité. Passez-la dans les 3 m., tirez-la pour les fermer, puis arrêtez-la.◆

BORDURE D'ENCOLURE

Avec l'aig. circulaire et le fil gris, sur l'end., relev. en les tric. à l'end. 40 m. le long de l'encolure. Trav. comme pour la bordure extérieure de ◆ à ◆.

LIENS

Avec l'aig. circulaire (ou les aig. à 2 pointes) n° 3 1/2 et le fil gris, sur l'end., relev. en les tric. à l'end. 2 m. à l'extrémité droite de la bordure d'encolure, 1 m. à la jonction de la bordure d'encolure et de la bordure extérieure, 2 m. à l'extrémité de la bordure extérieure = 5 m.

Gl. les 5 m. à l'autre extrémité de l'aig., passez le fil derrière elles et tirez-le ; tric. 2 m. ens. à l'end., 1 m. end., 2 m. ens. à l'end. = 3 m.

Tric. sur ces 3 m. une cordelière de 30 cm de longueur (voir page 14). Coupez le fil, passez-le dans les m., tirez-le pour les fermer, puis arrêtez-le.

Réalisez 1 lien identique au sommet de la patte d'encolure gauche.

Rentrez les fils.

Mettez le bavoir en forme si vous le souhaitez.

chapeau de soleil

Maile ne voulait pas porter de chapeau et, bizarrement, c'est en été qu'elle a changé d'avis. Alors qu'elle ne se souciait pas d'avoir froid aux oreilles en hiver, elle ne supportait pas le soleil dans les yeux. Le bord de ce chapeau la protège sans l'empêcher de voir. Le fil légèrement élastique assure un bon maintien (il est normal que la circonférence soit inférieure aux tours de tête indiqués page 10).

TAILLES

0/6 [6/12] mois - Circonférence = 37 [40] cm
(photographies : 6/12 mois)

FOURNITURES

50 g de fil 60 % coton et 40 % acrylique, pour aiguilles n° 4, beige
1 aiguille circulaire n° 4 de 30 cm de longueur
1 aiguille circulaire n° 4 1/2 de 30 cm de longueur
5 aiguilles à 2 pointes n° 4 1/2
1 aiguille à tapisserie

ÉCHANTILLONS

Un carré de 10 cm de côté en jersey, avec des aiguilles n° 4 = 18 mailles et 28,5 rangs
Un carré de 10 cm de côté en jersey, avec des aiguilles n° 4 1/2 = 17 mailles et 27 rangs

十九
nineteen
19
二十六

Réalisation

BORD

Avec l'aig. circulaire n° 4, montez 112 m.
Fermez-les en rond.

1er tour. Tric. à l'env.
2e tour. *12 m. end., 2 m. ens. à l'end.*, rép. de * à * jusqu'à la fin du tour = 104 m.
3e tour. Tric. à l'env.
4e tour. *11 m. end., 2 m. ens. à l'end.*, rép. de * à * jusqu'à la fin du tour = 96 m.
5e tour. Tric. à l'env.
6e tour. *10 m. end., 2 m. ens. à l'end.*, rép. de * à * jusqu'à la fin du tour = 88 m.

7e tour. Tric. à l'env.
8e tour. *9 m. end., 2 m. ens. à l'end.*, rép. de * à * jusqu'à la fin du tour = 80 m.
9e tour. Tric. à l'env.
10e tour. *8 m. end., 2 m. ens. à l'end.*, rép. de * à * jusqu'à la fin du tour = 72 m.
11e tour. Tric. à l'env.

COIFFE

Cont. avec l'aig. circulaire n° 4 1/2, à l'end.

12e tour. *7 [16] m., 2 m. ens.*, rép. de * à * jusqu'à la fin du tour = 64 [68] m.

Tric. droit jusqu'à ce que la coiffe en jersey end. mesure 8 [9] cm de haut.

TAILLE 6/12 MOIS UNIQUEMENT

Tric. 1 tour de la façon suiv. : *32 m., 2 m. ens.*, rép. 1 fois de * à * = 66 m.

SOMMET DE LA COIFFE

Dim. comme suit, en trav. avec les aig. à 2 pointes dès que le nombre de m. l'exige.

1er tour. *6 [9] m., 2 m. ens.*, rép. de * à * jusqu'à la fin du tour = 56 [60] m.
2e tour. Tric. droit.
3e tour. *5 [8] m., 2 m. ens.*, rép. de * à * jusqu'à la fin du tour = 48 [54] m.
4e tour. Tric. droit.
5e tour. *4 [7] m., 2 m. ens.*, rép. de * à * jusqu'à la fin du tour = 40 [48] m.
6e tour. Tric. droit.
7e tour. *3 [6] m., 2 m. ens.*, rép. de * à * jusqu'à la fin du tour = 32 [42] m.
8e tour. Tric. droit.

9ᵉ tour. *2 [5] m., 2 m. ens.*,
rép. de * à * jusqu'à la fin du tour
= 24 [36] m.
10ᵉ tour. Tric. droit.
11ᵉ tour. *1 [4] m., 2 m. ens.*,
rép. de * à * jusqu'à la fin du tour
= 16 [30] m.
12ᵉ tour. Tric. droit.
13ᵉ tour. *0 [3] m., 2 m. ens.*,
rép. de * à * jusqu'à la fin du tour
= 8 [24] m.

TAILLE 6/12 MOIS UNIQUEMENT
14ᵉ tour. *2 m., 2 m. ens.*,
rép. de * à * jusqu'à la fin du tour
= 18 m.
15ᵉ tour. *1 m., 2 m. ens.*,
rép. de * à * jusqu'à la fin du tour
= 12 m.

TOUTES LES TAILLES
Coupez le fil, en laissant une longue extrémité. Passez-la dans les m. rest., tirez-la pour fermer le sommet du chapeau, puis arrêtez-la.

Finitions

Rentrez les fils.

pochette boutonnée

Cette pochette a ses deux faces tricotées en même temps grâce à un jeu de mailles glissées. Elle comporte un grand bouton et une boutonnière délibérément lâche de sorte que les petits doigts puissent s'exercer à l'ouvrir et la fermer. Les autres boutons sont décoratifs – les jeunes enfants en raffolent. Veillez à les coudre solidement afin qu'ils ne présentent aucun danger.

DIMENSIONS

16 × 12 cm

FOURNITURES

50 g de fil en coton biologique, pour aiguilles n° 4, écru

Boutons variés, dont 1 de 27 mm de diamètre

1 paire d'aiguilles n° 4

1 arrêt de mailles

1 aiguille à tapisserie

Aiguille et fil à coudre

ÉCHANTILLON

Un carré de 10 cm de côté en jersey, avec des aiguilles n° 4 = 20 mailles et 28 rangs

Réalisation

PARTIE PRINCIPALE

Montez 66 m.

1er rg (face A). *1 m. end., 1 m. gl. à l'env. avec le fil derrière*, rép. de * à * jusqu'à la fin du rg.

Rép. ce rg jusqu'à obtenir 12 cm de haut. tot., en term. par 1 rg sur la face B.

Gl. 1 m. sur l'arrêt de m., gl. 1 m. sur l'aig. droite, rép. de * à * jusqu'à la fin du rg = 33 m. sur l'arrêt et 33 m. sur l'aig. Remettez les 33 m. de l'aig. droite sur l'aig. gauche.

RABAT

1er rg (env.). 2 m. end., 29 m. env., 2 m. end.
2e rg. 2 m. env., 29 m. end., 2 m. env.

Rép. ces 2 rgs jusqu'à ce que le rabat mesure 7 cm de haut., en term. par 1 rg env.

Sur le rg suiv., réalisez 1 boutonnière de la façon suiv. : 2 m. env., 13 m. end., rab. 3 m., 13 m. end., 2 m. env. = 30 m.

Tric. 1 rg de la façon suiv. : 2 m. end., 13 m. env., montez 3 m. en utilisant la technique du montage enchaîné (voir page 13), 13 m. env., 2 m. end. = 33 m.

Tric. 3 cm de haut. en rép. les 1er et 2e rgs, et en term. par 1 rg env.

Tric. 1 rg à l'env., puis 1 rg à l'end.

Rab. toutes les m.

Reprenez sur l'aig. les m. en attente. Rab.-les souplement.

Finitions

Retournez la partie principale sur l'end. Rentrez les fils.

Repassez légèrement la pochette, en marquant les plis des côtés avec soin. Cousez le bouton de 27 mm de diamètre en vis-à-vis de la boutonnière. Cousez les autres boutons sur le rabat.

bonnet Maddox

J'adore Seattle, cette ville extraordinaire à l'ambiance artistique et conviviale. Mon amie Laura y a vécu pendant son dernier trimestre de grossesse. J'ai créé ce bonnet chaud et amusant pour son fils Maddox, en l'honneur de Seattle dont il fut un petit résident dans le ventre de sa mère. Comme il est ajusté, il est normal que sa circonférence soit inférieure aux tours de tête indiqués page 10.

TAILLES

0/6 [6/12] mois - Circonférence = 38 [40] cm
(photographies: 0/6 mois)

FOURNITURES

100 g de fil en laine, pour aiguilles n° 5 1/2, vert olive
1 bouton de 19 mm de diamètre
1 aiguille circulaire n° 5 1/2 de 30 cm de longueur
5 aiguilles à 2 pointes n° 5 1/2
2 épingles de nourrice
1 aiguille à tapisserie
Aiguille et fil à coudre

ÉCHANTILLON

Un carré de 10 cm de côté en jersey,
avec des aiguilles n° 5 1/2 = 16 mailles et 22,5 rangs

Réalisation

BORDURE

Avec l'aig. circulaire, montez 60 [64] m. Fermez-les en rond. Trav. à l'end.

1er au 4e tour. Tric. droit.
5e tour (picots). *2 m. ens., 1 jeté*, rép. de * à * jusqu'à la fin du tour.
6e au 9e tour. Tric. droit.
10e tour (ourlet). *Piquez 1 aig. à 2 pointes dans la m. du tour de montage située à l'aplomb de la m.. suiv. de l'aig. circulaire. Pliez l'ouvrage le long du tour de picots, env. contre env. Superposez l'aig. à 2 pointes et la pointe gauche de l'aig. circulaire. Tric. ens. à l'end. la m. de l'aig. circulaire et la m. de l'aig. à 2 pointes*. Rép. de * à * jusqu'à la fin du tour. Fixez 1 épingle de nourrice au début de l'ourlet, sur l'env., pour repérér le milieu du dos du bonnet.

COIFFE

Tric. droit jusqu'à obtenir 10 cm de haut. depuis l'ourlet.

SOMMET DE LA COIFFE

Dim. comme suit, en trav. avec les aig. à 2 pointes dès que le nombre de m. l'exige.

1er tour. *8 [6] m., 2 m. ens.*, rép. de * à * jusqu'à la fin du tour = 54 [56] m.

2e tour. Tric. droit.
3e tour. *7 [5] m., 2 m. ens.*, rép. de * à * jusqu'à la fin du tour = 48 m.
4e tour. Tric. droit.
5e tour. *6 [4] m., 2 m. ens.*, rép. de * à * jusqu'à la fin du tour = 42 [40] m.
6e tour. Tric. droit.
7e tour. *5 [3] m., 2 m. ens.*, rép. de * à * jusqu'à la fin du tour = 36 [32] m.
8e tour. Tric. droit.
9e tour. *4 [2] m., 2 m. ens.*, rép. de * à * jusqu'à la fin du tour = 30 [24] m.
10e tour. Tric. droit.
11e tour. *3 [1] m., 2 m. ens.*, rép. de * à * jusqu'à la fin du tour = 24 [16] m.

TAILLE 0/6 MOIS UNIQUEMENT
12e tour. *2 m., 2 m. ens.*, rép. de * à * jusqu'à la fin du tour = 18 m.
13e tour. *1 m., 2 m. ens.*, rép. de * à * jusqu'à la fin du tour = 12 m.

TOUTES LES TAILLES
14e [12e] tour. *2 m. ens.*, rép. de * à * jusqu'à la fin du tour = 6 [8] m.

Coupez le fil, en laissant une longue extrémité. Passez-la dans les m., tirez-la pour fermer le sommet du bonnet, puis arrêtez-la.

Finitions

Rentrez les fils.

OREILLETTE DROITE

Fixez la 2e épingle de nourrice 6 cm à droite de la 1re (qui marque le centre du dos). ◆En comm. à la 2e épingle, sur l'env., avec les aig. à 2 pointes, relev. en les tric. à l'end. 11 [13] m. sur le rg situé juste au-dessus de l'ourlet.

Tric. au point mousse.

À 5 cm de haut. tot., dim. 3 [4] fois 1 m. à chaque extrémité tous les 2 rgs = 5 m.◆

Tric. droit.

À 9 cm de haut. tot., réalisez 1 boutonnière de la façon suiv. : 2 m., 1 jeté, 2 m. ens., 1 m.

Tric. 2 rgs droit. Rab. toutes les m. Rentrez les fils.

OREILLETTE GAUCHE

Fixez la 2e épingle de nourrice 6 cm à gauche de la 1re (qui marque le centre du dos). Trav. comme pour l'oreille droite, en rép. de ◆ à ◆.

Tric. 2 cm droit. Rab. toutes les m. Rentrez les fils.

Cousez le bouton en vis-à-vis de la boutonnière.

coussins hibou et singe

Ma fille Maile a une personnalité complexe. Elle se montre parfois exubérante, coquine et dissipée. À d'autres moments, elle est grave et attentive. Ces coussins représentent deux des multiples facettes que peuvent ainsi nous dévoiler les enfants.

FOURNITURES

Fil 80 % laine de mérinos et 20 % kid mohair,
pour aiguilles n° 6 :
100 g gris, 100 g vert (hibou)
100 g marron, 100 g écru (singe)
Feutrine :
blanc, noir, orange (hibou)
noir (singe)
Ouate de remplissage
1 paire d'aiguilles n° 6
1 aiguille à tapisserie
Aiguille et fil à coudre

ÉCHANTILLON

Un carré de 10 cm de côté en jersey,
avec les aiguilles n° 6 = 15,5 mailles et 22,5 rangs

Réalisation du hibou

ABRÉVIATIONS

A = fil gris.
B = fil vert.
C = fil gris et fil vert mis ens.

DOS

Avec le fil A, montez 15 m.
Trav. en jersey end. comme suit.

1er rg (env.). Tric. à l'env.
2e rg. 2 m. end., 1 augm. inter. à l'end., tric. à l'end. jusqu'à 2 m. avant la fin du rg, 1 augm. inter. à l'end., 2 m. end. = 17 m.
3e au 8e rg. Rép. 3 fois les 1er et 2e rgs = 23 m.
9e rg. Tric. à l'env.
10e rg. Tric. à l'end.
11e rg. 1 m. env., 1 augm. inter. à l'env., tric. à l'env. jusqu'à 1 m. avant la fin du rg, 1 augm. inter. à l'env., 1 m. env. = 25 m.
12e rg. Tric. à l'end.
13e rg. Tric. à l'env.
14e rg. 1 m. end., 1 augm. inter. à l'end., tric. à l'end. jusqu'à 1 m. avant la fin du rg, 1 augm. inter. à l'end., 1 m. end. = 27 m.
15e au 20e rg. Rép. 1 fois du 9e au 14e rg = 31 m.

Tric. droit jusqu'à obtenir 28 cm de haut. tot., en term. par 1 rg end.

Tric. 1 rg de la façon suiv.: 11 m. env., rab. 9 m. en les tric. à l'env., 11 m. env. = 22 m.

AIGRETTE GAUCHE

Laissez les 11 prem. m. sur l'aig. pour l'aigrette droite. Cont. sur les 11 dern. m. comme suit.

1er rg. Tric. à l'end. jusqu'à 4 m. avant la fin du rg, 2 m. ens. à l'end., 2 m. end. = 10 m.
2e rg. Tric. à l'env.
3e rg. Comme le 1er rg = 9 m.
4e au 13e rg. Rép. 5 fois les 2e et 3e rgs = 4 m.
14e rg. Tric. à l'env.
15e rg. 1 m. end., 2 m. ens. à l'end., 1 m. end. = 3 m.

Rab. les m. en les tric. à l'env.

AIGRETTE DROITE

Reprenez les 11 m. en attente, sur l'end.

1er rg. 2 m. end., 2 m. gl. tric. ens. à l'end., term. le rg à l'end. = 10 m.
2e rg. Tric. à l'env.
3e rg. Comme le 1er rg = 9 m.
4e au 13e rg. Rép. 5 fois les 2e et 3e rgs = 4 m.
14e rg. Tric. à l'env.
15e rg. 1 m. end., 2 m. gl. tric. ens. à l'end., 1 m. end. = 3 m.

Rab. les m. en les tric. à l'env.

DEVANT

Préparez 2 pelotons de fil B.
Avec le fil A, montez 15 m.
Trav. en jersey end. comme suit.

1er rg (env.). Avec A, tric. à l'env.
2e rg. Avec A, 2 m. end., 1 augm. inter. à l'end., tric. à l'end. jusqu'à 2 m. avant la fin du rg, 1 augm. inter. à l'end., 2 m. end. = 17 m.
3e rg. 1 m. env. avec B du 1er peloton, 1 m. env. avec B du 1er peloton et A, tric. à l'env. avec A jusqu'à 2 m. avant la fin du rg, 1 m. env. avec A et B du 2e peloton, 1 m. env. avec B du 2e peloton.
4e rg. 1 m. end. B, 1 augm. inter. à l'end. B, 1 m. end. C, tric. à l'end. avec A jusqu'à 2 m. avant la fin du rg, 1 m. end. C, 1 augm. inter. à l'end. B, 1 m. end. B = 19 m.
5e rg. 2 m. env. B, 1 m. env. C, tric. à l'env. avec A jusqu'à 3 m. avant la fin du rg, 1 m. env. C, 2 m. env. B.
6e rg. 2 m. end. B, 1 augm. inter. à l'end. B, 1 m. end. C, tric. à l'end. avec A jusqu'à 3 m. avant la fin du rg, 1 m. end. C, 1 augm. inter. à l'end. B, 2 m. end. B = 21 m.
7e rg. 3 m. env. B, 1 m. env. C, tric. à l'env. avec A jusqu'à 4 m. avant la fin du rg, 1 m. env. C, 3 m. env. B.
8e rg. 2 m. end. B, 1 augm. inter. à l'end. B, 1 m. end. B, 1 m. end. C, tric. à l'end. avec A jusqu'à 4 m. avant la fin du rg, 1 m. end. C, 1 m. end. B, 1 augm. inter. à l'end. B, 2 m. end. B = 23 m.
9e et 10e rgs. Tric. droit, en maintenant l'ordre des fils.
11e rg. *2 m. env. B, 1 augm. inter. à l'env. B, 2 m. env. B*, 1 m. env. C, tric. à l'env. avec A jusqu'à 5 m. avant la fin du rg, 1 m. env. C, rép. 1 fois de * à * = 25 m.
12e et 13e rgs. Comme les 9e et 10e rgs.
14e rg. 2 m. end. B, 1 augm. inter. à l'end. B, 3 m. end. B, 1 m. end. C, tric. à l'end. avec A jusqu'à 6 m. avant la fin du rg, 1 m. end. C, 3 m. end. B, 1 augm. inter. à l'end. B, 2 m. end. B = 27 m.
15e et 16e rgs. Comme les 9e et 10e rgs.
17e rg. 2 m. env. B, 1 augm. inter. à l'env. B, 4 m. env. B, 1 m. env. C, tric. à l'env. avec A jusqu'à 7 m. avant la fin du rg, 1 m. env. C, 4 m. env. B, 1 augm. inter. à l'env. B, 2 m. env. B = 29 m.
18e et 19e rgs. Comme les 9e et 10e rgs.
20e rg. 2 m. end. B, 1 augm. inter. à l'end. B, 5 m. end. B, 1 m. end. C, tric. à l'end. avec A jusqu'à 8 m. avant la fin du rg, 1 m. end. C, 5 m. end. B, 1 augm. inter. à l'end. B, 2 m. end. B = 31 m.

Tric. droit, en maintenant l'ordre des fils, jusqu'à obtenir 18 cm de haut. tot., en term. par 1 rg env.

Rg suiv. 1. 7 m. end. B, 2 m. ens. à l'end. C, 1 augm. inter. à l'end. A, tric. à l'end. avec A jusqu'à 9 m. avant la fin du rg, 1 augm. inter. à l'end. A, 2 m. gl. tric. ens. à l'end. C, 7 m. end. B.
Rg suiv. 2. Tric. droit, en maintenant l'ordre des fils.
Rg suiv. 3. 6 m. end. B, 2 m. ens. à l'end. C, 1 augm. inter. à l'end. A, tric. à l'end. avec A jusqu'à 8 m. avant la fin du rg, 1 augm. inter. à l'end. A, 2 m. gl. tric. ens. à l'end. C, 6 m. end. B.
Rg suiv. 4. Tric. droit, en maintenant l'ordre des fils.
Rg suiv. 5. 5 m. end. B, 2 m. ens. à l'end. C, 1 augm. inter. à l'end. A, tric. à l'end. avec A jusqu'à 7 m. avant la fin du rg, 1 augm. inter. à l'end. A, 2 m. gl. tric. ens. à l'end. C, 5 m. end. B.
Rg suiv. 6. Tric. droit, en maintenant l'ordre des fils.

Rg suiv. 7. 4 m. end. B, 2 m. ens. à l'end. C, 1 augm. inter. à l'end. A, tric. à l'end. avec A jusqu'à 6 m. avant la fin du rg, 1 augm. inter. à l'end. A, 2 m. gl. tric. ens. à l'end. C, 4 m. end. B.
Rg suiv. 8. Tric. droit, en maintenant l'ordre des fils.
Rg suiv. 9. 3 m. end. B, 2 m. ens. à l'end. C, 1 augm. inter. à l'end. A, tric. à l'end. avec A jusqu'à 5 m. avant la fin du rg, 1 augm. inter. à l'end. A, 2 m. gl. tric. ens. à l'end. C, 3 m. end. B.
Rg suiv. 10. Tric. droit, en maintenant l'ordre des fils.
Rg suiv. 11. 2 m. end. B, 2 m. ens. à l'end. C, 1 augm. inter. à l'end. A, tric. à l'end. avec A jusqu'à 4 m. avant la fin du rg, 1 augm. inter. à l'end. A, 2 m. gl. tric. ens. à l'end. C, 2 m. end. B.
Rg suiv. 12. Tric. droit, en maintenant l'ordre des fils.
Rg suiv. 13. 1 m. end. B, 2 m. ens. à l'end. C, 1 augm. inter. à l'end. A, tric. à l'end. avec A jusqu'à 3 m. avant la fin du rg, 1 augm. inter. à l'end. A, 2 m. gl. tric. ens. à l'end. C, 1 m. end. B.
Rg suiv. 14. Tric. droit, en maintenant l'ordre des fils.
Rg suiv. 15. 2 m. ens. à l'end. C, 1 augm. inter. à l'end. A, tric. à l'end. avec A jusqu'à 2 m. avant la fin du rg, 1 augm. inter. à l'end. A, 2 m. gl. tric. ens. à l'end. C.

Coupez les fils B et cont. avec le fil A.

Tric. droit jusqu'à obtenir 28 cm de haut. tot., en term. par 1 rg end.

Tric. 1 rg de la façon suiv.: 11 m. env., rab. 9 m. en les tric. à l'env., 11 m. env. = 22 m.

Tric. les aigrettes en trav. comme pour le dos.

Finitions du hibou

Rentrez les fils.

Assemblez le dos et le devant avec le fil A, en laissant le sommet de la tête ouvert entre les aigrettes.

Pour faire feutrer l'ouvrage, lavez-le à la machine en compagnie d'une paire de vieux jeans. Choisissez un cycle à l'eau chaude, mais relativement délicat. La laine feutre plus vite à haute température, mais vous devez alors vérifier plus souvent le résultat afin d'arrêter le lavage au bon moment. Les lave-linge variant d'un modèle à l'autre, fiez-vous à vos yeux et à votre instinct. Le but consiste à obtenir un tricot dense, tout en préservant la forme du hibou. Les mailles doivent se fondre les unes aux autres jusqu'à devenir presque invisibles. Si vous réalisez les deux coussins, faites-les feutrer en même temps.

Découpez les yeux et le bec dans la feutrine en vous aidant des photographies, puis cousez-les sur le hibou.

Remplissez légèrement le hibou d'ouate, comme s'il s'agissait d'un coussin ordinaire, sans lui donner de volumes particuliers. Fermez l'ouverture.

Réalisation du singe

ABRÉVIATIONS

A = fil marron.
B = fil écru.
C = fil marron et fil écru mis ens.

DOS

Avec le fil A, montez 20 m.
Trav. en jersey end. comme suit.

1er rg (env.). Tric. à l'env.
2e rg. 2 m. end., 1 augm. inter. à l'end., tric. à l'end. jusqu'à 2 m. avant la fin du rg, 1 augm. inter. à l'end., 2 m. end. = 22 m.
3e au 10e rg. Rép. 4 fois les 1er et 2e rgs = 30 m.
11e et 12e rgs. Tric. droit.
13e rg. 2 m. env., 1 augm. inter. à l'env., tric. à l'env. jusqu'à 2 m. avant la fin du rg, 1 augm. inter. à l'env., 2 m. env. = 32 m.
14e et 15e rgs. Tric. droit.
16e rg. Comme le 2e rg = 34 m.
17e au 19e rg. Tric. droit.
20e rg. Comme le 2e rg = 36 m.
21e au 28e rg. Rép. 2 fois du 17e au 20e rg = 40 m.
29e au 33e rg. Tric. droit.
34e rg. 2 m. end., 2 m. gl. tric. ens. à l'end., tric. à l'end. jusqu'à 4 m. avant la fin du rg, 2 m. ens. à l'end., 2 m. end. = 38 m.
35e au 37e rg. Tric. droit.
38e rg. Comme le 34e rg = 36 m.
39e au 46e rg. Rép. 2 fois du 35e au 38e rg = 32 m.
47e et 48e rgs. Tric. droit.
49e rg. 2 m. env., 2 m. ens. à l'env., tric. à l'env. jusqu'à 4 m. avant la fin du rg, 2 m. torses ens. à l'env., 2 m. env. = 30 m.
50e et 51e rgs. Tric. droit.
52e rg. Comme le 34e rg = 28 m.
53e au 60e rg. Rép. 4 fois les 51e et 52e rgs = 20 m.
61e rg. Tric. droit.

Rab. toutes les m.

DEVANT

Préparez 2 pelotons de fil A.
Avec le 1er peloton A, montez 20 m.
Trav. en jersey end. comme suit.

1er rg (env.). Avec A, tric. à l'env.
2e rg. Avec A, 2 m. end., 1 augm. inter. à l'end., tric. à l'end. jusqu'à 2 m. avant la fin du rg, 1 augm. inter. à l'end., 2 m. end. = 22 m.
3e et 4e rgs. Rép. 1 fois les 1er et 2e rgs = 24 m.
5e rg. Tric. droit.
6e rg. 2 m. end. A, 1 augm. inter. à l'end. A, 2 m. end. A; avec A du 2e peloton et B, tric. à l'end. jusqu'à 4 m. avant la fin du rg; avec A du 2e peloton, 2 m. end., 1 augm. inter. à l'end., 2 m. end. = 26 m.
7e rg. 4 m. env. A, 1 m. env. C, tric. à l'env. avec B jusqu'à 5 m. avant la fin du rg, 1 m. env. C, 4 m. env. A.
8e rg. 2 m. end. A, 1 augm. inter. à l'end. A, 1 m. end. A, 2 m. ens. à l'end. C, 1 augm. inter. à l'end. B, 16 m. end. B, 1 augm. inter. à l'end. B, 2 m. gl. tric. ens. à l'end. C, 1 m. end. A, 1 augm. inter. à l'end. A, 2 m. end. A = 28 m.
9e rg. Tric. droit, en maintenant l'ordre des fils.
10e rg. 2 m. end. A, 1 augm. inter. à l'end. A, 1 m. end. A, 2 m. ens. à l'end. C, 1 augm. inter. à l'end. B, 18 m. end. B, 1 augm. inter. à l'end. B, 2 m. gl. tric. ens. à l'end. C, 1 m. end. A, 1 augm. inter. à l'end. A, 2 m. end. A = 30 m.

11e et 12e rgs. Tric. droit, en maintenant l'ordre des fils.
13e rg. 2 m. env. A, 1 augm. inter. à l'env. A, 1 m. env. A, 2 m. torses ens. à l'env. C, 1 augm. inter. à l'env. B, 20 m. env. B, 1 augm. inter. à l'env. B, 2 m. ens. à l'env. C, 1 m. env. A, 1 augm. inter. à l'env. A, 2 m. env. A = 32 m.
14e et 15e rgs. Tric. droit, en maintenant l'ordre des fils.
16e rg. 2 m. end. A, 1 augm. inter. à l'end. A, 1 m. end. A, 2 m. ens. à l'end. C, 1 augm. inter. à l'end. B, 22 m. end. B, 1 augm. inter. à l'end. B, 2 m. gl. tric. ens. à l'end. C, 1 m. end. A, 1 augm. inter. à l'end. A, 2 m. end. A = 34 m.
17e au 19e rg. Tric. droit, en maintenant l'ordre des fils.
20e rg. 2 m. end. A, 1 augm. inter. à l'end. A, 1 m. end. A, 2 m. ens. à l'end. C, 1 augm. inter. à l'end. B, tric. à l'end. avec B jusqu'à la fin de la zone en B, 1 augm. inter. à l'end. B, 2 m. gl. tric. ens. à l'end. C, 1 m. end. A, 1 augm. inter. à l'end. A, 2 m. end. A = 36 m.
21e au 28e rg. Rép. 2 fois du 17e au 20e rg = 40 m.
29e au 33e rg. Tric. droit, en maintenant l'ordre des fils.
34e rg. 2 m. end. A, 2 m. gl. tric. ens. à l'end. A, 1 augm. inter. à l'end. A, 2 m. gl. tric. ens. à l'end. C, 28 m. end. B, 2 m. ens. à l'end. C, 1 augm. inter. à l'end. A, 2 m ens. à l'end. A, 2 m. end. A = 38 m.
35e rg. 4 m. env. A, 1 augm. inter. à l'env. A, 2 m. ens. à l'env. C, 26 m. env. B, 2 m. torses ens. à l'env. C, 1 augm. inter. à l'env. A, 4 m. env. A.
36e rg. 5 m. end. A, 1 augm. inter. à l'end. A, 2 m. gl. tric. ens. à l'end. C, 24 m. end. B, 2 m. ens. à l'end. C, 1 augm. inter. à l'end. A, 5 m. end. A.
37e rg. 6 m. env. A, 1 augm. inter. à l'env. A, 2 m. ens. à l'env. C, 22 m. env. B, 2 m. torses ens. à l'env. C, 1 augm. inter. à l'env. A, 6 m. env. A.
38e rg. 2 m. end. A, 2 m. gl. tric. ens. à l'end. A, 3 m. end. A, 1 augm. inter. à l'end. A, 2 m. gl. tric. ens. à l'end. C, 20 m. end. B, 2 m. ens. à l'end. C, 1 augm. inter. à l'end. A, 3 m. end. A, 2 m. ens. à l'end. A, 2 m. end. A = 36 m.
39e au 41e rg. Tric. droit, en maintenant l'ordre des fils.
42e rg. 2 m. end. A, 2 m. gl. tric. ens. à l'end. A, 3 m. end. A, 1 augm. inter. à l'end. A, 2 m. gl. tric. ens. à l'end. C, 18 m. end. B, 2 m. ens. à l'end. C, 1 augm. inter. à l'end. A, 3 m. end. A, 2 m. ens. à l'end. A, 2 m. end. A = 34 m.
43e au 45e rg. Tric. droit, en maintenant l'ordre des fils.
46e rg. 2 m. end. A, 2 m. gl. tric. ens. à l'end. A, 3 m. end. A, 1 m. end. C, 18 m. end. B, 1 m. end. C, 3 m. end. A, 2 m. ens. à l'end. A, 2 m. end. A = 32 m.
47e et 48e rgs. Tric. droit, en maintenant l'ordre des fils.
49e rg. 2 m. env. A, 2 m. ens. à l'env. A, 2 m. env. A, 1 m. env. C, 18 m. env. B, 1 m. env. C, 2 m. env. A, 2 m. torses ens. à l'env. A, 2 m. env. A = 30 m.
50e et 51e rgs. Tric. droit, en maintenant l'ordre des fils.
52e rg. 2 m. end. A, 2 m. gl. tric. ens. à l'end. A, 1 m. end. A, 1 m. end. C, 18 m. end. B, 1 m. end. C, 1 m. end. A, 2 m. ens. à l'end. A, 2 m. end. A = 28 m.
53e rg. Tric. droit, en maintenant l'ordre des fils.
54e rg. 2 m. end. A, 2 m. gl. tric. ens. à l'end. A, 1 augm. inter. à l'end. A, 2 m. gl. tric. ens. à l'end. C, 16 m. end. B, 2 m. ens. à l'end. C, 1 augm. inter. à l'end. A, 2 m. ens. à l'end. A, 2 m. end. A = 26 m.
55e rg. 4 m. env. A, 1 augm. inter. à l'env. A, 2 m. ens. à l'env. C, 14 m. env. B, 2 m. torses ens. à l'env. C, 1 augm. inter. à l'env. A, 4 m. env. A
56e rg. 2 m. end. A, 2 m. gl. tric. ens. à l'end. A, 1 m. end. A, 1 augm. inter. à l'end. A, 2 m. gl. tric. ens. à l'end. C, 12 m. end. B, 2 m. ens. à l'end. C, 1 augm. inter. à l'end. A, 1 m. end. A, 2 m. ens. à l'end. A, 2 m. end. A = 24 m.

57e rg. 5 m. env. A, 1 augm. inter. à l'env. A, 2 m. ens. à l'env. C, 10 m. env. C, 2 m. torses ens. à l'env. C, 1 augm. inter. à l'env. A, 5 m. env. A.
Coupez le fil B et le fil du 2e peloton A.
Cont. avec le 1er peloton A.

58e rg. 2 m. end., 2 m. gl. tric. ens. à l'end., tric. à l'end. jusqu'à 4 m. avant la fin du rg, 2 m. ens. à l'end., 2 m. end. = 22 m.
59e rg. Tric. droit.
60e et 61e rgs. Comme les 58e et 59e rg = 20 m.

Rab. toutes les m.

ASSEMBLAGE

Rentrez les fils.

Assemblez le dos et le devant avec le fil A, en laissant la base ouverte.

OREILLES

Avec le fil A, sur l'end., relev. en les tric. à l'end. 12 m. le long de la couture du devant, à la hauteur de l'une des joues. (aidez-vous des photographies).
Trav. au point mousse comme suit.

1er au 5e rg. Tric. droit.
6e rg. 1 m., 2 m. gl. tric. ens., tric. jusqu'à 3 m. avant la fin du rg, 2 m. ens., 1 m. = 10 m.
7e rg. Tric. droit.
8e au 11e g. Rép. 2 fois les 6e et 7e rgs = 6 m.

Rab. toutes les m. Rentrez les fils.

Réalisez la 2e oreille de la même manière.

Finitions du singe

Pour faire feutrer l'ouvrage, lavez-le à la machine en compagnie d'une paire de vieux jeans. Choisissez un cycle à l'eau chaude, mais relativement délicat. La laine feutre plus vite à haute température, mais vous devez alors vérifier plus souvent le résultat afin d'arrêter le lavage au bon moment. Les lave-linge variant d'un modèle à l'autre, fiez-vous à vos yeux et à votre instinct. Le but consiste à obtenir un tricot dense, tout en préservant la forme du singe. Les mailles doivent se fondre les unes aux autres jusqu'à devenir presque invisibles. Si vous réalisez les deux coussins, faites-les feutrer en même temps.

Découpez les yeux, le museau et la bouche dans la feutrine en vous aidant des photographies, puis cousez-les sur le singe.

Remplissez légèrement le singe d'ouate, comme s'il s'agissait d'un coussin ordinaire, sans lui donner de volumes particuliers. Fermez l'ouverture.

Abréviations

aig.	aiguille(s)
augm.	augmentant, augmentation(s), augmenter, augmentez
cm	centimètre(s)
comm.	commençant, commencer, commencez
cont.	continuant, continuer, continuez
dble(s)	double(s)
dern.	dernier(s), dernière(s)
dev.	devant
derr.	derrière
dim.	diminuant, diminuer, diminuez, diminution(s)
emmanch.	emmanchure(s)
encol.	encolure
end.	endroit
enroul.	enroulée(s)
ens.	ensemble
env.	envers
gl.	glissant, glissée(s), glisser, glissez
haut.	hauteur
inter.	intercalaire(s)
m.	maille(s)
mqr(s)	marqueur(s)
préc.	précédent(e)(s)
prem.	premier(s), première(s)
rab.	rabattant, rabattez, rabattre
relev.	relevant, relever, relevez
rép.	répétant, répéter, répétez
rest.	restante(s)
rg(s)	rang(s)
sple(s)	simple(s)
srjt(s)	surjet(s)
suiv.	suivant(e)(s)
term.	terminant, terminer, terminez
tot.	totale
trav.	travaillant, travailler, travaillez
tric.	tricotant, tricoter, tricotez

Les instructions comprises entre deux caractères spéciaux identiques (*, °, **, °°, ◆, ▼, ▲, ●, ■) doivent être répétées le nombre de fois indiqué.

Index

Aux Éditions Fleurus

Savoir créer Créa-passion
Créations en tricotin géant
Macramé

Savoir créer De fil en aiguille
100 fleurs au tricot & au crochet
Motifs nature au tricot & au crochet
75 poissons & coquillages au tricot et au crochet
Petits animaux et personnages au crochet
Bijoux au crochet
L'encyclopédie du tricot
Le guide Fleurus du tricot
Le guide Fleurus du crochet
300 points de tricot
Animaux tricotés
Tout chauds, tout beaux!
Chouette, des chaussettes chaudes !
Hot dogs!
Le tricot c'est facile !
Le crochet c'est facile !
Tricots pour petites filles

Un petit monde en feutrine
Couture simple pour enfants sages
Couture créative pour enfants espiègles
Couture facile pour enfants adorables
Couture rapide
La couture pratique
Patchwork & quilts en liberté
Appliqué, jeux de motifs et de couleurs
Tendance vintage
Tendance sacs
Mes sacs et moi
Vêtements de poupées mannequins
Douceurs & gourmandises au point de croix
L'herbier du jardin au point de croix
Souvenirs d'enfance au point de croix
Fleurs au point de croix
Mode d'hier et d'aujourd'hui au point de croix

Trois petits points
Ma vie à broder
Ma vraie nature
Trop chou !

Idées-jeux
Le tricotin, j'adore !

Ma malle à...
Ma malle à tricotin
Ma malle à bracelets brésiliens
Ma malle à scoubidous

Mes créations
Tricotin
Bracelets brésiliens
Perles de rocaille
Bijoux en pâte FIMO

Remerciements

Merci à mon éditrice Judith Hannam – merveilleusement efficace et compréhensive –, à Kyle Cathie et à toute l'équipe de Kyle Books, ainsi qu'à la relectrice Salima Hirani à l'œil d'aigle.
Merci à la photographe Claire Richardson – mes tricots n'ont jamais été aussi bien mis en valeur – et à Carol Kearns pour ses illustrations aussi jolies que claires.

Merci aux lecteurs de mon blog. Merci au magazine *Yarn Forward*, qui a présenté ce blog dans son numéro de décembre 2010, et à Running Press. Merci à Patricia's Yarns (Hoboken, New Jersey) et à The Snow Goose (Milton, Massachusetts).

Merci à Shar Jacobsen pour m'avoir appris à tricoter. Merci à Regina Joskow et à toutes les autres personnes épatantes qui testent mes modèles.

Merci à mes parents, à mes sœurs et à toute ma fantastique famille.

Merci à Noah et Hannah pour leur patience sans borne face à mes sempiternels « Pas maintenant, je tricote... ».

Merci à Dave pour sa fidélité, son soutien, sa bonne volonté à m'écouter parler d'échantillon, de drapé, d'ampleur et autres mots qui n'ont pas de sens pour lui, et pour ses talents en maths.